COROAS

Mirian Goldenberg

COROAS

**corpo,
envelhecimento,
casamento
e infidelidade**

3ª edição

EDITORA RECORD
RIO DE JANEIRO • SÃO PAULO
2015

CIP-Brasil. Catalogação-na-fonte
Sindicato Nacional dos Editores de Livros, RJ.

G566c
3ª ed.
Goldenberg, Mirian
  Coroas: corpo, envelhecimento, casamento e infidelidade / Mirian Goldenberg. – 3ª ed. – Rio de Janeiro: Record, 2015.

ISBN 978-85-01-08316-6

1. Mulher de meia-idade. 2. Imagem corporal. 3. Envelhecimento. 4. Sexo (Psicologia). I. Título.

08-3729
CDD: 305.42
CDU: 316.346.2-055.2

Copyright © Mirian Goldenberg, 2008
www.miriangoldenberg.com.br

Capa: Mirian Lerner
Foto da autora: Cristina Lacerda

Editoração eletrônica: Abreu's System Ltda.

Todos os direitos reservados. Proibida a reprodução, armazenamento ou transmissão de partes deste livro através de quaisquer meios, sem prévia autorização por escrito.

Direitos exclusivos desta edição
reservados pela
EDITORA RECORD LTDA.
Rua Argentina, 171, São Cristóvão
Rio de Janeiro, RJ – 20921-380 – Tel.: 2585-2000

Impresso no Brasil

Seja um leitor preferencial Record.
Cadastre-se e receba informações sobre nossos lançamentos e nossas promoções.

Atendimento e venda direta ao leitor:
mdireto@record.com.br ou (21) 2585-2002

Impresso no Brasil
2015

"Um troço que eu tinha e que eu perdi era o medo de ficar velha. Sempre eu achava que ia perder minha alegria, vitalidade, energia, prazer de vida, que constituem minha maior força. Na realidade, perdi um pouco disso, de alegria, talvez, da energia que eu sempre esbanjei, mas ganhei muito mais coisas. Ou melhor, acho que o que aconteceu é que agora eu sei usar essas coisas. Eu estou muito mais bacana e realmente acho que aos 30 eu vou estar genial, e aos 120 vou saber tudo e querer dar e ter ainda o que aprender. Isso é sensacional."

Leila Diniz

"Cumpre-lhes recusar os limites de sua situação e procurar abrir para si os caminhos do futuro. A resignação não passa de uma demissão e de uma fuga. Não há, para a mulher, outra saída senão a de trabalhar pela sua libertação."

Simone de Beauvoir

Sumário

Introdução 9

Corpo e envelhecimento na cultura brasileira:
o marido como capital 15

Como estarão a sexualidade e o corpo no futuro? 45

Mulheres da *Playboy*.
Uma conversa com Alexandre Werneck sobre as estrelas
da revista no Brasil e na França 59

(In)Fidelidade paradoxal:
a fidelidade como valor no casamento contemporâneo .. 115

Amores distantes, amores (im)possíveis?
Um diálogo com Jordi Roca sobre o casamento entre
homens espanhóis e mulheres brasileiras 139

A negação do pai.
E a licença-paternidade? 203

Amantes constantes 217

Introdução

Quando fiz 40 anos entrei em uma crise profunda e inesperada. Fui, pela primeira vez, a uma dermatologista para que ela me receitasse algum hidratante e um filtro solar, produtos que nunca tinha consumido até então. Após um breve exame da minha pele, ela, observando atentamente meu rosto, perguntou: "Por que você não faz uma correção nas pálpebras? Elas estão muito caídas. Você vai ficar dez anos mais jovem." Sem me dar tempo para responder, continuou: "Por que você não faz um preenchimento ao redor dos lábios? E botox na testa para tirar as rugas de expressão? Você vai rejuvenescer dez anos." Paguei a cara consulta, que ficou mais cara ainda, pois provocou uma crise existencial que durou quase um ano. "Faço ou não faço a cirurgia nas pálpebras? E o preenchimento nos lábios? E o botox na testa? Se eu fizer tudo o que ela me recomendou, poderia ficar dez anos mais jovem. Eu sou culpada por estar envelhecendo. A culpa é minha!"

O mais surpreendente é que nunca havia tido esse tipo de preocupação antes dessa visita. Confesso que fico feliz quando dizem que pareço ser muito mais jovem do que realmente sou, especialmente quando os mais generosos (ou mentirosos) dizem que pareço ter 37 anos. Aí me lembro da dermatologista e vejo que, sem ter feito nada do que ela sugeriu, ganhei os dez anos (ou mais) que ela me prometeu.

A dermatologista me fez enxergar rugas e flacidez que antes eram invisíveis para mim e que, a partir de então, passei a desejar eliminar para "ficar dez anos mais jovem". Em minhas palestras e aulas, costumo dizer que tive e tenho muita vontade de fazer todos os procedimentos para o rejuvenescimento presentes no mercado. Digo, brincando, que só não faço tudo o que gostaria por motivos profissionais: para não perder a legitimidade que conquistei como crítica dessa ditadura da juventude e perfeição. Na verdade, não fiz e não faço, pois tenho muito medo de transformar o meu rosto, de não gostar de me ver com a face paralisada ou esticada demais. Gosto e me sinto muito bem com o corpo que tenho hoje e ainda não sinto o estigma de ser uma coroa, apesar de já ter feito 50 anos.

Mergulhei profundamente na crise dos 40, saí dela após um ano de sofrimento e comecei a brincar com o fato de estar envelhecendo. Alguns anos depois, como forma de criar uma resistência política lúdica, inventei o grupo Coroas, composto por mulheres de mais de 50 anos. Tentei seduzir minhas amigas para participarem dele e todas recusaram veementemente. Algumas disseram: "Se for Coroas Enxutas eu participo." Outras: "Se for Jovens Coroas ou Coroas Gostosas, pode ser." A maioria reagiu indignada: "Eu não sou uma coroa!" Um amigo me disse que se eu nomeasse o grupo com K, Koroas, talvez tivesse mais sucesso, pois ficaria muito mais chique.

Após uma palestra em Copacabana, na qual defendi a criação do Coroas, um grupo de mulheres sugeriu que eu desse um curso intitulado "A arte de envelhecer, com Mirian Goldenberg" ou "Como ser uma coroa sem sofrer". Em uma reunião, em Porto Alegre, para pensar a criação de novos programas de televisão, sugeri que fosse feito um com o nome Coroas, mostrando a vida de diferentes mulheres comuns que passaram dos 50 anos. Apesar de todos gostarem muito da idéia, ela não se efetivou.

E assim, até hoje, sou a fundadora e única integrante do grupo Coroas.

Há mais de dez anos comecei a estudar a cultura do corpo no Rio de Janeiro. Em 2007 iniciei um projeto com o objetivo de analisar o significado do envelhecimento em nossa cultura, comparando as mulheres cariocas com as alemãs, as inglesas e as espanholas. A minha atual pesquisa se concretizou após uma viagem para a Alemanha, em junho e julho de 2007, na qual dei oito conferências em diferentes universidades com o título "O corpo como capital na cultura brasileira". Mais tarde, em novembro de 2007, fui para a Espanha, onde dei um curso e uma conferência com o mesmo título.

Em agosto de 2007 organizei a primeira reunião com alunos e colegas da UFRJ para discutir o meu projeto de pesquisa. Dessa reunião, Olivia von der Weid, minha orientanda de mestrado, deu a idéia de apresentarmos o meu projeto de pesquisa para a Faperj. Ela e Marisol Goia, doutoranda na Universidade Rovira i Virgili de Tarragona, na Espanha, com orientação do antropólogo Jordi Roca e co-orientação minha, foram fundamentais para a apresentação do projeto, que foi aprovado pela Faperj em novembro de 2007. O objetivo é trabalhar com uma equipe de excelentes pesquisadores no projeto "Corpos, Envelhecimento e Identidades Culturais", com a cooperação do sociólogo alemão Thomas Leithäuser, da socióloga inglesa Lynn Froggett e do antropólogo catalão Jordi Roca.

A partir de então, passei a assinar todos os meus e-mails para Olivia e Marisol com "Coroas Leila Diniz, unidas, jamais serão vencidas!". Um pequeno detalhe: Olivia tem 24 anos e Marisol, 27 anos. Eu, que recusei os adjetivos propostos por minhas amigas (enxutas, jovens, gostosas), adotei Coroas Leila Diniz[1] para designar o nosso grupo de pesquisa. Por motivos óbvios, Olivia e Marisol foram as minhas únicas amigas que não se sentiram ofendidas ao serem convidadas para participar do Coroas. No entanto, elas, no máximo, podem ser consideradas "coroas

---

[1] Leila Diniz, junto com Simone de Beauvoir, é uma mulher onipresente neste livro, em suas linhas e entrelinhas. Acredito que será fácil, com a leitura dos ensaios, descobrir o significado de "Coroas Leila Diniz" ou, como prefiro, de por que "Toda mulher é meio Leila Diniz" (inclusive as coroas).

simpatizantes", nunca "verdadeiras coroas" ou "coroas autênticas".

Em todos esses anos de tentativas frustradas de difundir a idéia do Coroas, percebi que é mais fácil criar um grupo com indivíduos que são explicitamente estigmatizados do que com aqueles que podem e querem esconder o possível estigma. Um bom exemplo é o do grupo Criolinhas, estudado em dissertação de mestrado por uma aluna. As adolescentes negras pesquisadas passaram a usar um termo usual de acusação, criola, como categoria de afirmação de uma identidade valorizada por elas. Eu queria fazer o mesmo com o termo coroa: transformar uma categoria de acusação em uma identidade valorizada positivamente por todas as mulheres que estão envelhecendo. Mas o fato de o estigma poder ser encoberto, o fato de as mulheres de mais de 50 anos acharem que não são coroas ou que podem parecer mais jovens do que realmente são e o fato de não se sentirem valorizadas socialmente ao assumirem a própria idade impossibilitaram a criação do meu grupo.

Como não consegui, até hoje, viabilizar a existência do grupo Coroas, do programa de televisão ou de qualquer outra idéia semelhante, resolvi dar a este livro o título *Coroas*. Assim, me assumo publicamente como fundadora, única integrante e militante ativa do grupo Coroas e também apresento algumas reflexões iniciais que são fruto da minha pesquisa "Corpos, envelhecimento e identidades culturais".

Este livro é o resultado do questionamento permanente sobre o significado de ser mulher na cultura brasileira e é, também, uma forma de resistência política. Busco desestigmatizar a categoria coroas para combater todos os estereótipos e preconceitos que cercam a mulher que envelhece.

Coroas sem adjetivos e sem K. Simplesmente Coroas.

Corpo e envelhecimento na cultura brasileira: o marido como capital

> "*O corpo da mulher é um objeto que se compra; para ela, representa um capital que ela se acha autorizada a explorar.*"
> Simone de Beauvoir

Neste texto, irei discutir a idéia que venho desenvolvendo nos últimos anos: a de que, no Brasil, o corpo é um capital. Na cultura brasileira contemporânea, determinado modelo de corpo é uma riqueza, talvez a mais desejada pelos indivíduos das camadas médias urbanas e também das camadas mais pobres, que o percebem como um importante veículo de ascensão social. Nesse sentido, além de um capital físico, o corpo é um capital simbólico, um capital econômico e um capital social. Desde que seja um corpo sexy, jovem, magro e em boa forma, que caracteriza como superior aquele ou aquela que o possui, conquistado por meio de muito investimento financeiro, trabalho e sacrifício.

A partir dessa idéia, pretendo refletir sobre o significado do envelhecimento feminino na sociedade brasileira. Em uma cultura em que o corpo é um capital no mercado de casamento, no mercado sexual e no mercado profissional, pergunto: Quais os principais medos das brasileiras ao envelhecerem?

Para tanto, iniciarei com algumas idéias de Pierre Bourdieu, sociólogo que inspirou minhas reflexões. Para Bourdieu,[2] os capitais (econômico, cultural, social, político, simbólico, físico, entre outros) são os poderes que definem as probabilidades de ganho num campo determinado. Diferentes campos colocam em jogo diferentes capitais, podendo um capital ser extremamente valioso em um campo e não ter o menor valor em outro. No Brasil contemporâneo, acredito que o corpo funciona como um importante capital nos mais diversos campos, mesmo naqueles em que, aparentemente, ele não seria um poder ou um mecanismo de distinção.

Para Bourdieu,[3] a relação de distinção se encontra objetivamente inscrita no corpo, sendo o corpo um bem simbólico que pode receber valores muito diferentes segundo o mercado em que está inserido. O autor constata que as atitudes corporais consideradas "naturais" são, na verdade, naturalmente "cultivadas". O que se denomina charme, porte, sofisticação e elegância, por exemplo, é a maneira legitimada socialmente de levar o próprio corpo e de apresentá-lo. Assim, percebe-se como um indício de desleixo o fato de deixar ao corpo sua aparência "natural". O mesmo pode

---

[2] BOURDIEU, Pierre. *O poder simbólico*. Lisboa: Difel, 1989.
[3] BOURDIEU, Pierre. *A distinção*. São Paulo: Edusp; Porto Alegre: Zouk, 2007.

ser pensado sobre o corpo gordo, envelhecido ou fora de forma.

Um dado recente mostra a importância que o corpo adquiriu na cultura brasileira e demonstra como ele pode ser um importante capital. Em 2007, a revista americana *Forbes* elegeu as 100 celebridades mais poderosas do mundo. Os únicos brasileiros da lista são a modelo Gisele Bündchen, na 53ª posição, e o jogador Ronaldinho Gaúcho, na 31ª. Gisele, segundo a revista, faturou US$ 33 milhões em 2006, enquanto Ronaldinho faturou US$ 31 milhões. Em outras listas de modelos e jogadores de futebol com o maior faturamento em todo o mundo, outros brasileiros e brasileiras estão presentes. Não é à toa que as duas profissões são, atualmente, muito desejadas por meninos e meninas das camadas mais baixas, mas, também, das camadas médias brasileiras.

Como afirmou Marcel Mauss,[4] é por meio da "imitação prestigiosa" que os indivíduos de cada cultura constroem seus corpos e comportamentos. Para Mauss, o conjunto de hábitos, costumes, crenças e tradições que caracterizam uma cultura também se refere ao corpo. Há uma construção cultural do corpo, com uma valorização de certos atributos e comportamentos em detrimento de outros, fazendo com que haja um corpo típico para cada sociedade. Esse corpo, que pode variar de acordo com o contexto histórico e cultural, é adquirido pelos membros da sociedade por meio

---

[4] MAUSS, Marcel. *Sociologia e antropologia*. São Paulo: EPU/Edusp, 1974.

da "imitação prestigiosa". Os indivíduos imitam atos, comportamentos e corpos que obtiveram êxito e que têm prestígio em sua cultura. No caso brasileiro, as mulheres mais bem-sucedidas e imitáveis, as mulheres de prestígio, são, atualmente, as atrizes, modelos, cantoras e apresentadoras de televisão, todas elas tendo o corpo como o seu principal capital, ou uma de suas mais importantes riquezas.

É dentro desse quadro que analiso a categoria "o corpo", que apareceu na pesquisa quantitativa que realizei com as camadas médias cariocas. Surpresa com a recorrência desta categoria, em uma pesquisa que investigava os valores e comportamentos a respeito de temas como sexualidade, conjugalidade e infidelidade, descobri que "o corpo" é um valor e, também, um verdadeiro capital no universo pesquisado.

Corpo e sexualidade na cultura brasileira

> *"Já que o destino da mulher é ser, aos olhos do homem, um objeto erótico, ao tornar-se velha e feia, ela perde o lugar que lhe é destinado na sociedade: torna-se um* monstrum *que suscita repulsa e até mesmo medo."*
> Simone de Beauvoir

Há cerca de vinte anos venho realizando pesquisas quantitativas e qualitativas com o objetivo de compreender os discursos de homens e mulheres das camadas médias urbanas do Rio de Janeiro. Busco analisar, comparativamente, os desejos, as expectativas e os estereótipos afetivo-sexuais de homens e mulheres de diferentes gerações. Acredito, como o antropólogo Gilberto Velho,[5] que a visão de mundo e o estilo de vida das camadas médias urbanas têm um efeito multiplicador e extravasam os seus limites, podendo revelar, de forma mais geral, o processo de transformação que os papéis de gênero têm sofrido na sociedade brasileira.

Analisando algumas das questões da pesquisa quantitativa que iniciei em 1998, fiquei surpresa com a recorrência da categoria "o corpo" nas respostas femininas e masculinas. Por exemplo, ao perguntar às mulheres "O que você mais inveja em uma mulher?", elas responderam: beleza em primeiro lugar, o corpo em seguida e inteligência em terceiro lugar. Quando perguntei aos homens "O que você mais inveja em um homem?", tive como respostas: inteligência, poder econômico, beleza e o corpo.

Em outra questão, perguntei às mulheres: "O que mais atrai você em um homem?", obtive como resposta: inteligência e o corpo. Quando perguntei aos homens: "O que mais te atrai em uma mulher?", encontrei: beleza, inteligência e o corpo. O corpo aparece ainda com maior destaque quando perguntei às mulheres "O que mais atrai você sexualmente em um homem?" As respostas foram: tórax e o corpo. Para

---

[5] VELHO, Gilberto. *Individualismo e cultura: notas para uma antropologia da sociedade contemporânea*. Rio de Janeiro: Zahar, 1981.

os homens: "O que mais atrai você sexualmente em uma mulher?" Tive: bunda e o corpo.

Esta última resposta merece uma atenção especial. Gilberto Freyre, em uma matéria com o título "Uma paixão nacional",[6] buscou explicar as raízes culturais dessa preferência masculina. Ele lembrou de alguns sinônimos de bunda (bagageiro, balaio, banjo, bomba, bubu, rabo, traseiro, popô, rabicó, bumbum, tralalá) e da paixão dos portugueses pelas mulatas, tipo de mulher conhecida como "arde-lhe o rabo", "decerto por haver se extremado em furor anal". Gilberto Freyre comparou as indígenas com as mulheres de "origem afro-negra", estas últimas dotadas de "nádegas notavelmente protuberantes ou por bundas salientemente grandes. E, por essas saliências, sexualmente provocantes do seu uso, e até do seu abuso, em coitos de intenções mais voluptuosas".

O homem brasileiro, dizia Freyre, não poderia deixar de ser sensível à imensidade de provocações que o rodeiam.

> Não tanto ao vivo, como por meio de anúncios de revistas ilustradas, que se vêm esmerando na utilização de reproduções coloridas de bundas nuas, como atrativos para uma diversidade de artigos à venda. Há, no Brasil de hoje, uma enorme comercialização da imagem da bunda de mulher em anúncios atraentes. Estéticos uns, alguns lúbricos. Também se vem fazendo esse uso na televisão. E, sonoramente, em músicas apologéticas da beleza da bunda de mulher.

---

[6] www.bvgf.fgf.org.br/dezembro1984

À "bunda grande" se contrapõe, no Brasil, como negativo sexual, e até eugênico e estético, a "bunda murcha", a "bunda seca", a "bunda magra", dizia Freyre. "Pois o ideal árabe de mulher bonita, ser gorda, ainda não foi superado de todo, no Brasil, pelo ideal de mulher secamente elegante, mulher delgada e como se fosse rapaz. Quase sem bunda!"

Mais do que a bunda, conhecida preferência ou paixão nacional dos brasileiros, chama atenção, na minha pesquisa, a recorrência de "o corpo" nas respostas femininas e masculinas sobre questões ligadas à inveja, à atração e à admiração.

Perguntei: "Se você escrevesse um anúncio com o objetivo de encontrar um parceiro, como você se descreveria? Como você descreveria o que procura em um parceiro?" Nas respostas, o corpo aparece seguido de adjetivos, como sexy, sensual, atraente, gostoso, definido, malhado, trabalhado, sarado, saudável, atlético, forte, firme.

Dois exemplos dos anúncios dos pesquisados podem ilustrar o que encontrei nas respostas:

Eu sou magra, jovem, cabelos loiros, longos e lisos, bunda grande, seios firmes, linda e muito gostosa. Procuro alguém de corpo sarado, másculo e sexy!	**Eu sou alto, forte, bem-dotado,** inteligente e rico. Procuro uma mulher loira, cabelos longos, cintura fina, seios duros, bumbum arrebitado, linda e com um corpo muito sexy.

Em uma pesquisa cujo principal objetivo é compreender a convivência, muitas vezes conflituosa, de novas e tradicionais formas de conjugalidade, é surpreendente descobrir a centralidade que a categoria "o corpo" adquiriu para um determinado segmento social. Tanto nas respostas sobre inveja, admiração e atração como nas que procuram um parceiro, "o corpo" aparece como um valor fundamental. Só nas respostas aos anúncios é possível saber quais são as características valorizadas neste "o corpo". É um corpo sexy, jovem, magro e em boa forma. A cultura brasileira, particularmente a cultura carioca, a partir da valorização de determinadas práticas, transforma o que é "natural", o corpo, em um corpo distintivo: "o corpo".

Pode-se dizer que ter "o corpo", com tudo o que ele simboliza, promove nos brasileiros uma conformidade a um estilo de vida e a um conjunto de normas de conduta, recompensada pela gratificação de pertencer a um grupo de valor superior. "O corpo" surge como um símbolo que consagra e torna visíveis as diferenças entre os grupos sociais.[7]

"O corpo" é um verdadeiro capital no universo pesquisado, um corpo distintivo, que sintetiza três idéias: a de símbolo do esforço que cada um fez para controlar, aprisionar e domesticar seu corpo para atingir a boa forma; a de grife que distingue como superior aquele ou aquela que o possui; e a de prêmio para os que conseguiram alcançar, com muito

---

[7] GOLDENBERG, Mirian & RAMOS, Marcelo Silva. "A civilização das formas: o corpo como valor". In: *Nu e vestido*. Rio de Janeiro: Record, 2002.

trabalho, sacrifício, tempo e dinheiro, as formas físicas consideradas mais civilizadas.

Gilberto Freyre, em *Casa-grande&senzala*,[8] analisou a importância do corpo desde o início da colonização brasileira: o corpo nu das índias e o corpo forte da negra escrava, desejados e usufruídos pelo corpo hipersexualizado do colonizador português. De acordo com Freyre, o encontro entre senhores e escravos no Brasil foi harmonioso e basicamente sexual. Gilberto Freyre descreveu o corpo do colonizador português como um grande pênis ereto. Por outro lado, o corpo da índia e o da escrava negra foram descritos de forma mais complexa e criativa como sendo sexy, sensuais, belos, fortes, nus, limpos, curvilíneos, livres, reprodutivos, domésticos. A representação do Brasil como um paraíso tropical e sexual, presente na visão dos estrangeiros e também dos próprios brasileiros, se mantém, até os dias de hoje, reforçada pelas imagens de corpos seminus no carnaval e nas praias.

Gilberto Freyre[9] apontava como modelo de beleza da mulher brasileira a atriz Sônia Braga: baixa, pele morena, cabelos negros, longos e crespos, cintura fina, bunda grande, peitos pequenos.

É interessante observar que o ideal de beleza miscigenada, defendido por Freyre, permanece até os dias de hoje. A

---

[8] FREYRE, Gilberto. *Casa-grande & senzala*. Rio de Janeiro: Record, 2002.
[9] FREYRE, Gilberto. *Modos de homem, modas de mulher*. Rio de Janeiro: Record, 1987.

atriz Juliana Paes, após ser a única brasileira indicada por uma revista americana como uma das mulheres mais belas do mundo, em 2006, justificou sua escolha dizendo:

> Não sou alta, nem loura, não sou magrela, não tenho olhos azuis ou verdes. Minha pele é mais morena e represento um pouco essa mistura de raças.
> Venho de uma família humilde, que tem negro, índio, árabe e português. Não sou do tipo esguia. Tenho a cara do Brasil.

Gilberto Freyre dizia, com certo tom de crítica, que esse modelo miscigenado de brasileira estava sofrendo um impacto norte-europeizante ou albinizante, ou ainda ianque, com o sucesso de belas mulheres como a Miss Brasil Vera Fischer: alta, alva, loira, cabelos lisos (arianamente lisos, dizia Freyre), com um corpo menos arredondado.

Esse novo modelo de beleza ganhou muito mais força nas últimas décadas, como pode ser visto em um artigo da revista *Veja* (7/6/2000) intitulado: "O padrão nórdico: no país que já pertenceu às morenas, a loirice virou um estilo, um jeito de vencer na vida." A matéria cita loiras famosas (Xuxa, Ana Maria Braga, Hebe, Angélica, Adriane Galisteu) para retratar o fenômeno:

> Entre as artistas, ser loira virou definitivamente um estilo, um jeito de aparecer e vencer na carreira. E como são as artistas que, em geral, influenciam a metade feminina da população brasileira, pode-se ter uma idéia de como o modelo vem sendo clonado à

exaustão. Ser loira em um país de morenas é uma maneira de sobressair e também de atender ao gosto da tigrada do sexo oposto (gosto colonizado, enfatizaria um mal-humorado). O curioso é que, apesar da preferência nacional pelo padrão nórdico, muitas mulheres só têm coragem de tingir os cabelos, emulando as artistas de televisão, quando os primeiros fios brancos aparecem. Tanto que um engraçadinho já disse que as brasileiras não ficam velhas, ficam loiras.

No livro *Modos de homem, modas de mulher*, Gilberto Freyre afirmou que a mulher brasileira tende a ser — quanto a modas para seus vestidos, seus sapatos, seus penteados — um tanto maria-vai-com-as-outras. Freyre enaltecia o corpo miscigenado e propunha uma consciência nacional, dizendo que a mulher brasileira deveria seguir modas adaptadas ao clima tropical, em vez de seguir passivamente e, por vezes, grotescamente, modas européias ou americanas: na roupa, no sapato, no adorno, no penteado, no perfume, no andar, no sorrir, no beijar, no comportamento, no modo de ser mulher. É preciso reconhecer, defendia Freyre, na brasileira morena, o direito de repudiar modas norte-européias destinadas a mulheres loiras e alvas.

Freyre sugeria que as modas e os modismos não dizem respeito apenas às roupas ou aos penteados, mas também poderiam se tornar modas de pensar, de sentir, de crer, de imaginar, e assim, subjetivas, influírem sobre as demais modas. Ele apontava os excessos cometidos pelas mulheres mais inclinadas a seguir as modas, especialmente as menos jovens, para as quais modas sempre novas surgiriam como aliadas contra o envelhecimento. Gilberto Freyre, mais de duas décadas atrás, admitia que várias novidades no setor de modas respondiam a esse desejo das senhoras menos jovens: o de rejuvenescer. E a verdade, dizia ele, é que há modas novas que concorrem para o rejuvenescimento de tais aparências, favorecido notavelmente por cosméticos, tinturas e cirurgias plásticas. Nas últimas duas décadas a preocupação com o rejuvenescimento cresceu enormemente, com novos modelos de mulher a serem imitados: cada vez mais jovens, belas, magras e loiras.

Um estudo interessante para discutir a especificidade do corpo brasileiro é o do antropólogo francês Stéphane Malysse (2002).[10] Ao comparar o corpo da mulher brasileira com o da francesa, Malysse constatou que, enquanto na França a produção da aparência pessoal está centrada na roupa, no Brasil é o corpo que está no centro das estratégias de vestir. As francesas procuram se produzir com roupas cujas cores, estampas e formas reestruturam artificialmente seus corpos, disfarçando ou escondendo algumas partes (particularmente as nádegas e a barriga). As brasileiras, ao contrário, expõem o corpo e freqüentemente reduzem a roupa a um simples instrumento de sua valorização, a uma espécie de ornamento. O autor diz que a tendência da adolescen-

---

[10] MALYSSE, Stéphane. "Em busca dos (H)alteres-ego: Olhares franceses nos bastidores da corpolatria carioca". In: *Nu e vestido*. Rio de Janeiro: Record 2002.

te francesa a se vestir como sua mãe mostra que a roupa, na França, participa de um processo de envelhecimento da aparência. No Brasil, ao contrário, a tendência é vestir-se como jovem até bem tarde. Não por acaso, entre algumas famílias cariocas que pesquisei, a filha, a mãe e a avó se vestem de forma muito semelhante, em geral de jeans, camisetas e tênis de determinadas marcas, trocando, entre elas, algumas de suas roupas.

No Brasil, e mais particularmente no Rio de Janeiro, o corpo trabalhado, cuidado, sem marcas indesejáveis (rugas, estrias, celulites, manchas) e sem excessos (gordura, flacidez) é o único que, mesmo sem roupas, está decentemente vestido. Pode-se pensar, neste sentido, que, além de o corpo ser muito mais importante do que a roupa, ele é a verdadeira roupa: é o corpo que deve ser exibido, moldado, manipulado, trabalhado, costurado, enfeitado, escolhido, construído, produzido, imitado. É o corpo que entra e sai de moda. A roupa, neste caso, é apenas um acessório para a valorização e a exposição desse corpo da moda.

Com a idéia de que "o corpo", no Brasil, é um verdadeiro capital, é possível compreender melhor por que as brasileiras, junto com as americanas, são as maiores consumidoras de cirurgia plástica, preenchimentos faciais, botox, tintura para cabelo, entre outros inúmeros procedimentos estéticos e rejuvenescedores.

O capital marital

"É em seu outono, em seu inverno, que a mulher se liberta de suas cadeias, constrói uma vida própria. Pode também permitir-se enfrentar a moda, a opinião; furta-se às obrigações mundanas, aos regimes e às preocupações com a beleza. Infelizmente, ela descobre essa liberdade no momento em que não tem mais o que fazer dela. Por volta dos 50 anos, está em plena posse de suas forças, sente-se rica de experiências. É mais ou menos nessa idade que o homem ascende às mais altas posições, aos cargos mais importantes: quanto a ela, ei-la aposentada. Só lhe ensinaram a dedicar-se e ninguém reclama mais sua dedicação. Inútil, injustificada, contempla os longos anos sem promessa que lhe restam por viver e murmura: 'Ninguém precisa de mim.' Ela espera as homenagens, os sufrágios masculinos, espera o amor, a gratidão e os elogios do marido, do amante; espera deles suas razões de existir, seu valor e seu próprio ser. Ela é apenas um elemento da vida masculina ao passo que o homem é toda sua vida."

Simone de Beauvoir

Após uma viagem pela Alemanha, em junho e julho de 2007, onde entrevistei mulheres alemãs e ministrei conferências e palestras em diferentes universidades com o título "O corpo como capital na cultura brasileira", iniciei uma pesquisa na cidade do Rio de Janeiro com mulheres na faixa etária de 50 a 60 anos, das camadas médias e altas. Realizei cinco grupos de discussão e, também, entrevistas em profundidade, assim como a aplicação de questionários com perguntas abertas.

Nos grupos de discussão o que mais me chamou a atenção foram quatro tipos de idéias, presentes nos discursos das pesquisadas, que classifiquei como: invisibilidade, falta, aposentadoria e liberdade.

Um exemplo da idéia de invisibilidade é o depoimento de uma professora universitária, de 55 anos:

> Eu sempre fui uma mulher muito paquerada, acostumada a levar cantada na rua. Quando fiz 50 anos, parece que me tornei invisível. Ninguém mais diz nada, um elogio, um olhar, nada. É a coisa que mais me dá a sensação de ter me tornado uma velha. Hoje, me chamam de senhora, de tia, me tratam como alguém que não tem mais sensualidade, que não desperta mais desejo. É muito difícil aceitar que os homens me tratem como uma velha, e não como uma mulher. Na verdade, não acho nem que me tratam como velha, simplesmente me ignoram, me tornei invisível.

Outro tipo de discurso é o de falta, como mostra o depoimento de uma jornalista, de 51 anos:

> Sei que é o maior clichê, mas é a mais pura verdade: falta homem no mercado. Todas as minhas amigas na faixa dos 50 estão sozinhas. Na verdade, uma não está sozinha, é amante de um canalha e outra está casada com um cara que é completamente broxa, eles não transam há anos. Eu não tenho namorado há um

tempão. Até saio com uns caras, mas é horrível sair com um cara de 50 anos que fala e se comporta como um garotão. É o botox dos homens. Eles se separam e passam a falar, a se vestir e a se comportar como um adolescente. Acho ridículo, até patético. Eu queria ter um namorado, um companheiro. Sinto falta. Meu ex-marido, três meses depois da separação, já estava com uma namorada vinte anos mais nova. Que maluco vai querer uma velha decrépita, ou até mesmo uma coroa enxuta, se pode ter uma jovem durinha, com tudo no lugar?

Algumas pesquisadas se excluem do mercado afetivo-sexual em função de não corresponderem mais a um determinado modelo de corpo: jovem, magro e sexy. É interessante notar que são elas próprias (e não os homens) que se excluem do mercado, especialmente do sexual. Uma analista de sistemas, de 56 anos, usa a idéia de aposentadoria para explicar essa exclusão:

> Eu morro de inveja daquelas barangas horrendas que transam e têm aqueles orgasmos maravilhosos e digo "Ai, meu Deus, será que algum dia eu vou conseguir ter prazer de novo?" Essa autocensura, acho que é alguma coisa hormonal. Eu não tenho mais desejo sexual. Isso foi depois dos 50. A última vez que transei eu tinha 50 anos, com meu último namorado. É uma escolha minha porque eu ainda tenho uma platéia. Tem quem me queira, eu é que não quero. Me aposentei nesse setor. Não precisa me consolar, não. Eu só estou falando que existem mulheres de 50, com corpo despencado, aí junta com hormônio, e aí eu fico broxinha, uma verdadeira aposentada.

Esses três tipos de discurso, que classifiquei como de falta, invisibilidade e aposentadoria, podem ser interpretados como uma postura de vitimização das mulheres nessa faixa etária, que apontam, predominantemente, as perdas associadas ao envelhecimento. A idéia de "febre vitimária", de Gilles Lipovetsky,[11] é interessante para pensar esse tipo de discurso feminino. Para o autor, a cultura vitimária constrói o homem como lúbrico, cínico e violento e a mulher como um ser inocente, bom, desprovido de agressividade. Tem-se, portanto, a vitimização imaginária do feminino e a satanização do masculino. A cultura vitimária, diz o autor, veicula a imagem de uma mulher infantil e impotente. As mulheres oferecem, assim, a imagem de si como seres incapazes de se defender — e de se responsabilizar pelos seus desejos —, aspirando mais a serem protegidas do que a controlar elas próprias seu destino. Nesse sentido, em uma cultura em que o corpo é um capital, o processo de envelhecimento pode ser vivido como um momento de grandes perdas, especialmente de capital físico.

Por outro lado, apareceu também nos grupos de discussão, com muita ênfase, a idéia de liberdade, assim como as idéias de ganhos, conquistas, descobertas, amadurecimento, serenidade, tolerância, sabedoria, aceitação e cuidado maior de si mesma, como nos depoimentos de uma psicóloga, de 54 anos, e de uma médica, de 51 anos, a seguir:

---

[11] LIPOVETSKY, Gilles. *A terceira mulher*. São Paulo: Companhia das Letras, 2000.

Para mim, terminou o tesão. Nunca mais. Não tenho vontade, não me faz a mínima falta. Não sei se é porque o meu último relacionamento terminou quando eu tinha 48 anos, já estava na menopausa. Não sabia se era porque estava diminuindo o tesão, se é porque a relação estava muito ruim, ou porque ele era bêbado, misturou tudo ali e eu fui deixando a coisa terminar. E, ao mesmo tempo, um assédio sexual muito grande dele por mim, me procurando muito, e eu comecei a tomar uma aversão daquele negócio. Então, quando terminou a relação, eu me senti tão livre. Para poder dormir do jeito que eu quisesse, sem ficar alguém querendo me tocar, me querendo, foi tão bom, desceu aquela paz, e depois disso foi sumindo a vontade, eu não tive mais ninguém e não sinto falta. Não sinto a mínima falta, nem para me masturbar. Nada. Eu acho que eu me supro de outras maneiras. Tem outras felicidades, outras coisas gostosas na vida. Estou me sentindo muito feliz de estar sozinha, pela primeira vez na vida eu estou sozinha, eu estou curtindo ficar sozinha, acho ótimo ter um tempo para mim, curtir as coisas que eu quero. Cansei, esgotou. É tão bom ser eu mesma. Hoje em dia, a minha paz de espírito é a coisa que eu mais prezo. Não quero homem nenhum. Não quero me chatear com homem. Eu não sabia ser sozinha. Hoje eu sei. Pela primeira vez na minha vida eu me sinto realmente livre.

Outro dia me olhei no espelho e me achei muito bonita. Estava em casa, sozinha, com uma calça de malha preta, uma camiseta preta, toda bonitinha, combinando. Fui casada a vida inteira, meu marido chegava em casa e eu estava com a pior roupa do mundo: calcinha enorme de uma cor, sutiã de outra, roupas feias e velhas. E mal-humorada, de cara fechada, emburrada, sem um sorriso, um carinho, uma palavra doce. Reclamava que ele chegava tarde pois gostava de tomar um chopinho com os amigos. Cheguei à triste conclusão de que o casamento nos torna o nosso pior. Com a desculpa da roupa confortável, usamos a nossa pior roupa em casa. Coisas que não fazemos com os nossos amigos ou com pessoas que não conhecemos fazemos com o nosso marido. Até ficar com mau hálito, não lavar o cabelo, repetir a mesma roupa dias e dias, ser agressiva, mal-humorada, reclamar demais ou fazer cara feia. Depois que me separei, a primeira coisa que fiz foi limpar todo o meu guarda-roupa, dar todas as roupas velhas e feias. Até as calcinhas para ficar em casa são mais bonitas hoje do que eram quando estava casada. Hoje estou muito mais atenta para como eu sou de verdade, busco o meu melhor, não o meu pior. O casamento me fez virar funcionária pública, achava que tinha estabilidade, segurança e não precisava cuidar dele, nem de mim. Agora cuido muito mais de mim, estou mais atenta para as relações que tenho, sou muito mais cuidadosa com os outros. O casamento é um tipo de prisão invisível: parece confortável mas vai te destruindo aos poucos, deixando só o lado desagradável. Pena que eu só descobri a liberdade aos 50. Poderia ter sido antes.

Comparando o discurso das cariocas pesquisadas com o de mulheres que entrevistei na Alemanha, da mesma faixa etária e também das camadas médias, pude perceber algumas semelhanças e diferenças interessantes.

Em primeiro lugar, a ênfase na decadência do corpo e na falta de homem é uma característica do discurso das brasileiras. A idéia de falta, de invisibilidade e de aposentaria só apareceu no discurso destas. As alemãs enfatizaram a riqueza do momento que estão vivendo, em termos profissionais, intelectuais e culturais. Acham uma "falta de dignidade" uma mulher querer parecer mais jovem ou se preocupar em "ser sexy", uma infantilidade incompatível com a maturidade esperada para uma mulher nessa faixa etária. O corpo, para elas, não é tão importante, a aparência jovem não é valorizada, e sim a realização profissional, a saúde e a qualidade de vida. Algumas alemãs me disseram que não compreendiam por que a brasileira gosta de receber elogios e cantadas na rua. Uma me disse, enfaticamente:

> Você mesma é que deve se sentir atraente. Você não precisa de ninguém para dizer se é sexy ou não. É muito infantil essa postura. Eu sei avaliar se sou atraente ou não. É só me olhar no espelho. É uma falta de dignidade ser tão dependente dos homens.

Outra me disse que a personalidade é muito mais importante no jogo da sedução do que o corpo. Elas disseram que o que importa é a individualidade, a inteligência e a conversa. Uma das afirmações que ouvi recorrentemente das alemãs foi: "Eu sou uma mulher emancipada." Não só economicamente, mas, principalmente, psicologicamente.

Em minha observação comparativa inicial desses dois universos, as alemãs me pareceram muito mais confortáveis com o seu envelhecimento do que as brasileiras. Observei mulheres que pareciam muito poderosas, na Alemanha, objetivamente (em suas profissões e relações conjugais), mas também subjetivamente. No Brasil, tenho observado um abismo enorme entre o poder objetivo das mulheres pesquisadas, o poder real que elas conquistaram em diferentes domínios (sucesso, dinheiro, prestígio, reconhecimento e, até mesmo, a boa forma física) e a miséria subjetiva que aparece em seus discursos (decadência do corpo, gordura, flacidez, doença, medo, solidão, rejeição, abandono, vazio, falta, invisibilidade e aposentadoria). Observando a aparência das alemãs e das brasileiras pesquisadas, as últimas parecem muito mais jovens e em boa forma do que as primeiras, mas se sentem subjetivamente muito mais velhas e desvalorizadas do que elas. A discrepância entre a realidade objetiva e os sentimentos subjetivos das brasileiras me fez perceber que aqui o envelhecimento é um problema muito maior, o que pode explicar o enorme sacrifício que muitas fazem para parecer mais jovens, por meio do corpo, da roupa e do comportamento. Elas constroem seus discursos enfatizando as faltas que sentem, e não suas conquistas objetivas.

O conceito de desmapeamento, de Sérvulo Figueira,[12] pode ser útil para pensar os depoimentos das brasileiras. Para o autor, as mudanças sociais são rápidas e visíveis, não sendo acompanhadas no mesmo ritmo e intensidade

---

[12] FIGUEIRA, Sérvulo. *Uma nova família?* Rio de Janeiro: Zahar, 1987.

pelas subjetividades individuais que incorporam os ideais modernos sem eliminar os arcaicos que permanecem invisíveis dentro dos sujeitos. Esse descompasso entre aspectos visíveis e invisíveis leva à coexistência de mapas, ideais e normas contraditórios, o que muitas vezes é insuportável. A convivência do ideal arcaico, que permanece poderoso e ativo em um plano mais inconsciente, com um ideal moderno, no plano mais consciente, gera o desmapeamento. Neste caso, o abismo entre o poder objetivo das brasileiras pesquisadas e a miséria subjetiva que aparece em seus discursos pode ser fruto desse desmapeamento.

No entanto, as frases "hoje eu posso ser eu mesma pela primeira vez na minha vida" e "hoje eu sou uma mulher livre" foram repetidas inúmeras vezes por algumas das brasileiras pesquisadas, que percebem o envelhecimento como uma descoberta, altamente valorizada, de um "eu" que estava encoberto ou subjugado pelas obrigações sociais, especialmente pelo investimento feito no papel de esposa e de mãe. As idéias de reencontrar-se, reinventar-se, redescobrir-se apareceram muito nos grupos de discussão, sempre associadas ao fato de fazerem, hoje, as coisas de que mais gostam: conversar com as amigas, sair sozinha, ter tempo para si mesma, viajar, ler, estudar ou, até mesmo, encontrar um novo prazer com o marido assumindo mais os próprios desejos, e não apenas buscando agradá-lo.

É interessante observar que tanto no discurso de vitimização quanto no de libertação dois foram os eixos centrais das brasileiras: o corpo e o homem. O corpo foi tanto objeto de extremo sofrimento (em função de suas doenças ou decadência) quanto de prazer (em função da maior aceitação e cuidado com ele). Os homens foram, também, razões de sofrimento (alcoolismo, machismo, violência, autoritarismo, egoísmo, abandono, rejeição, faltas) ou de prazer (companheirismo, prazer sexual, cumplicidade). Em uma cultura, como a brasileira, em que o corpo é um capital, o envelhecimento parece ser vivido como um momento de grandes perdas (de capital). Em uma cultura, como a alemã, em que os capitais mais valorizados são outros, o envelhecimento parece ser vivido como um momento de ganhos. Meu objetivo é compreender melhor o significado da experiência do envelhecimento feminino nessas duas culturas, em termos objetivos e subjetivos.

Uma das primeiras constatações é que a emancipação da mulher alemã, no universo pesquisado, é bastante evidente. As mulheres que estou pesquisando são da geração pós-guerra e pós-movimento feminista. São mulheres que trabalham, independentes economicamente, algumas não têm filhos, escolha tão legítima, na Alemanha, como a de ter filhos. São casadas com homens de idade semelhante à delas, são divorciadas ou solteiras. As brasileiras que pesquisei trabalham ou são aposentadas. Todas são ou foram casadas, todas têm filhos, todas já cumpriram (ou ainda cumprem) o papel de esposa e de mãe. Os 50, para algumas das brasileiras pesquisadas, é um momento de libertação do papel de esposa e mãe, para "ser eu mesma pela primeira vez", frase recorrente no discurso delas. Enquanto emancipação foi a idéia enfatizada pelas alemãs (nenhuma me disse "sou uma mulher livre", elas dizem "sou uma mulher emancipada"), liberdade foi a idéia que as brasileiras enfatizaram. Há ainda outra diferença: a emancipação das alemãs parece ser uma conquista de toda a vida, desde jovens. A liberdade das brasileiras parece ser uma conquista tardia, após cumprirem os papéis obrigatórios de esposa e mãe. Mesmo as que são casadas sentem-se mais livres após os 50 para "serem elas mesmas".

No entanto, também encontrei semelhanças nos discursos das alemãs e das brasileiras. Ambas afirmam que as mulheres são mais fortes, maduras e interessantes do que os homens. Em seus depoimentos, os homens aparecem como mais frágeis, dependentes, imaturos e menos interessantes do que elas. Algumas brasileiras dizem que seus maridos telefonam vinte vezes por dia, que eles ficam deprimidos quando elas viajam, que precisam delas o tempo todo. Os depoimentos enfatizam que "ele precisa muito de mim", "ele não sabe ficar sozinho", "ele precisa de mim para cuidar dele" ou, ainda, "homem não sabe viver sozinho, quando se separa ou fica viúvo, casa em dois minutos, com uma mulher bem mais nova. Nós somos muito mais exigentes, nós sabemos viver sozinhas".

Algumas alemãs reclamam que seus maridos querem fazer sexo enquanto elas preferem conversar, sair, conhecer lugares e pessoas. Ouvi de três alemãs a seguinte idéia: "Entendo perfeitamente por que uma mulher se torna lésbica. As mulheres são muito mais interessantes do que os homens, muito mais maduras, muito mais amigas." Percebi uma extrema valorização das mulheres e uma construção de um modelo de mulher poderosa, emancipada e madura em contraste com um homem fraco, dependente e imaturo.

Diferentemente das alemãs, as brasileiras centram o seu discurso na figura masculina, seja na falta de homem, seja na sua presença. As que se mostraram mais satisfeitas com suas vidas, entre as brasileiras pesquisadas, são aquelas casadas há muitos anos. Mesmo estas disseram que os homens são frágeis, dependentes, acomodados, ingênuos, inseguros e infantis. O interessante é que, em quase todos os casos, o marido é o principal provedor familiar, tendo uma renda muito superior à da esposa.

É possível constatar que, no Brasil, além do corpo, o marido também é um capital, talvez até mais fundamental do que o corpo nessa faixa etária. O que as brasileiras mais valorizam, em seus depoimentos, é o fato de terem um casamento sólido e satisfatório, de muitos anos. A existência desse tipo de casamento foi apontada como o principal motivo de felicidade. A sua ausência foi motivo de infindáveis queixas e lamúrias. Em um dos grupos observados, uma mulher magra, bonita e com a aparência muito jovem disse que sentia inveja de uma outra pesquisada, por ela ter um casamento estável e feliz. O interessante é que a invejada era gorda e com uma aparência muito mais velha do que a invejosa. A magra disse: "Eu tive e tenho muitos namorados, mas não consigo ter um companheiro, um marido. Senti inveja quando você falou do seu casamento de trinta anos; eu nunca consegui ter isso. E nunca mais vou conseguir ter."

Utilizo, mais uma vez, as idéias de Pierre Bourdieu para inventar um conceito, um novo tipo de capital extremamente valioso para as brasileiras: o "capital marital". Ter um marido é um verdadeiro capital para a mulher brasileira. As pesquisadas sentem-se duplamente poderosas, pois, além de terem um marido, acreditam que são mais fortes, independentes e interessantes do que ele (mesmo quando ele ganha muito mais e é mais bem-sucedido profissionalmente do que elas). Em um mercado em que os homens são escassos, principalmente na faixa etária pesquisada,[13] as casadas sentem-se poderosas por terem um objeto raro e extremamente valorizado pelas mulheres brasileiras, e também por se sentirem superiores e imprescindíveis para os seus maridos.

As alemãs me pareceram muito mais autônomas ou, como querem, emancipadas. Elas enfatizaram a realização profissional, o respeito e o reconhecimento que conquistaram no mundo do trabalho, a saúde e a qualidade de vida. Já as brasileiras falaram a maior parte do tempo sobre o marido, seja pela presença dele em suas vidas, considerada necessária para uma vida feliz, seja para reclamar de sua fal-

---

[13] GOLDENBERG, Mirian. *Infiel: notas de uma antropóloga*. Rio de Janeiro: Record, 2006.

ta. Falaram também, muitíssimo, da decadência do próprio corpo e da conseqüente falta de capital no mercado afetivo-sexual. Um dos fatos que chamaram a atenção foi que as brasileiras falaram muito pouco dos filhos e, menos ainda, de suas atividades profissionais. É interessante destacar que, nos grupos que pesquisei, o fato de conversarem com as amigas, saírem sozinhas, viajarem ou descobrirem uma nova atividade (um curso de filosofia, um curso de pintura ou um grupo religioso) apareceu com muito mais destaque do que os filhos e o trabalho. Poucos foram os momentos em que falaram de seus pais ou mães e mais raros ainda os que falaram de seus netos, apesar de algumas serem avós.

A dor e a delícia de envelhecer: a decadência do corpo e a conquista da liberdade

> *"Começa-se a declinar depois de se ter atingido o apogeu: onde situar tal apogeu? Apesar de sua interdependência, o físico e o moral não seguem uma evolução rigorosamente paralela. A que aspecto atribuiremos maior valor? Cada um dará uma resposta diferente, segundo sua tendência a valorizar mais as aptidões corporais ou as faculdades mentais, ou um equilíbrio entre umas e outras. É a partir de tais opções que os indivíduos e as sociedades estabelecem uma hierarquia das idades: não há nenhuma que seja universalmente aceita."*
> Simone de Beauvoir

No livro *De perto ninguém é normal*[14], discuti a idéia de que a pesquisa pode transformar a vida do pesquisador, mostrando que alguns temas passam a ser, também, questões existenciais. O exemplo mais recente dessa transformação subjetiva é o meu atual tema de pesquisa: a representação social do corpo feminino e o processo de envelhecimento na cultura brasileira.

Lembrando Malinowski, a antropologia seria o estudo segundo o qual, compreendendo o "primitivo", poderíamos chegar a compreender melhor a nós mesmos. As pesquisas que tenho realizado e orientado demonstram que compreender melhor o "outro" ajuda não só a compreender melhor a nós mesmos, mas também a revelar aspectos obscuros, ocultos, silenciados de nossas próprias vidas e da cultura na qual estamos inseridos. Subjetividade e objetividade estão sendo transformadas, reinventadas, explicitadas em nossas pesquisas. É o que venho experimentando nas últimas duas décadas, como antropóloga, professora, pesquisadora e, também, como uma mulher brasileira preocupada com o processo de envelhecimento.

Em uma cultura em que o corpo é um capital, mas que ter um marido parece ser um capital mais importante ainda, é muito difícil, quase dramático, envelhecer sozinha. Mas aprendi, e continuo aprendendo, com mulheres como Simone de Beauvoir e minhas pesquisadas brasileiras e ale-

---

[14] GOLDENBERG, Mirian. *De perto ninguém é normal*. Rio de Janeiro: Record, 2004.

mãs, que é possível envelhecer com menos sofrimento se valorizarmos e investirmos em outros capitais, e não apenas no capital físico ou no "capital marital". Essas mulheres têm me ensinado que valores como liberdade, autonomia, independência e autenticidade são muito mais importantes do que aqueles que se baseiam na aparência ou em ter um marido.

Concluo, então, com a idéia de Simone de Beauvoir sobre a velhice.[15] Ela disse que, no caso das mulheres, em particular, "a última idade" pode representar uma liberação, uma vez que durante toda a vida elas foram submetidas ao marido e dedicadas aos filhos. Mais velhas, podem, finalmente, preocupar-se consigo mesmas. No entanto, Simone de Beauvoir também escreveu que a liberdade é assustadora, e que, por isso, muitas vezes a mulher idosa prefere a prisão à sua possível libertação.

---

[15] BEAUVOIR, Simone. *A velhice*. Rio de Janeiro: Nova Fronteira, 1990.

Como estarão a sexualidade e o corpo no futuro?[16]

Caro Arqueólogo do Futuro,

Sou antropóloga e pesquisadora do culto ao corpo, aqui no Brasil dos séculos XX e XXI. Tenho uma enorme curiosidade em saber quais serão as transformações do corpo feminino no futuro. Será que você poderia me contar? As mulheres continuam querendo ser muito magras? Fazendo regimes malucos para não engordar? Mutilando seus rostos e corpos em busca da perfeição? Gastando muito dinheiro com produtos de beleza completamente ineficazes? Vestindo roupas de adolescentes mesmo quando passaram dos 40? Pintando seus cabelos de loiro? Querendo imitar o peito siliconado da atriz famosa ou a boca carnuda da supermodelo do momento?

Vou explicar o motivo dessas inquietações aparentemente fúteis com a esperança de que você responda que as

---
[16] Carta ao Arqueólogo do Futuro. Agência Carta Maior (publicada em 6/1/2005, www.cartamaior.com.br).

mulheres do futuro são muito mais livres, felizes e satisfeitas com a própria aparência e forma física do que as do meu tempo.

Estudei o papel do corpo feminino na cultura brasileira em dois diferentes momentos e contextos históricos. O primeiro estudo foi uma análise da trajetória de Leila Diniz em tese de doutorado.[17] Quando, em 1971, Leila exibiu sua barriga grávida de biquíni, na praia de Ipanema, escandalizou e lançou moda. Foi capa de revistas e manchete de jornais por ter sido a primeira mulher a não esconder sua barriga em roupas largas e escuras, consideradas mais adequadas a uma grávida. Não só engravidou sem ser casada como exibiu uma imagem concorrente à grávida tradicional que escondia sua barriga. A barriga grávida materializou, objetivou, corporificou seus comportamentos sexuais transgressores. Ícone das décadas de 1960 e 1970, Leila Diniz tornou-se símbolo da mulher carioca, que representava, melhor do que qualquer outra, o espírito da cidade: corpo seminu, sedução, prazer, liberdade, sexualidade, alegria, espontaneidade.

Em outra pesquisa, situada no fim do século XX e início do XXI, constatei que a preocupação com a aparência e a juventude era uma verdadeira obsessão entre as brasileiras, provocando uma permanente insatisfação com o próprio corpo.[18] O corpo de Leila Diniz (e de muitas mulheres de

---

[17] GOLDENBERG, Mirian. *Toda mulher é meio Leila Diniz*. Rio de Janeiro: Record: 1995.
[18] GOLDENBERG, Mirian. *Nu e vestido*. Rio de Janeiro: Record, 2002.

sua geração) era um corpo voltado para o prazer, para o livre exercício da sexualidade, que exibia sua beleza e plenitude à luz do sol. O corpo das mulheres da geração seguinte era um corpo controlado, mutilado, que preferia a escuridão para esconder suas imperfeições. Em pouco mais de três décadas, assistimos a uma grande transformação do corpo feminino: do exercício do prazer à busca da perfeição estética, da liberdade à submissão aos modelos, do erotismo à falta de desejo.

Não pense, caro Arqueólogo, que sou uma feminista radical (com todos os estereótipos que cercaram esse personagem no Brasil da segunda metade do século XX), que denuncio a obsessão feminina com o corpo perfeito, belo, jovem e magro apenas porque gostaria de também ter um. Na verdade, defendo a liberdade de escolha da mulher, em todos os domínios de sua vida, como fez Simone de Beauvoir em *O segundo sexo*, escrito em 1949.[19] Assim, acredito que as mulheres deveriam lutar por uma liberdade fundamental: a de imaginar o próprio futuro e de ter orgulho da própria vida, demonstrar sua aceitação para com sua idade, seu corpo, sua pessoa e sua história. Concordo com a escritora americana Naomi Wolf,[20] que dizia que a eliminação dos sinais da idade dos rostos e corpos femininos deveria ter a mesma ressonância política que seria provocada se todas as imagens de negros fossem clareadas, pois equivale a

---

[19] BEAUVOIR, Simone. *O segundo sexo*. Rio de Janeiro: Nova Fronteira, 1980.
[20] WOLF, Naomi. *O mito da beleza*. Rio de Janeiro: Rocco, 1992.

apagar a identidade, o poder e o valor das mulheres. É no mínimo estranho pensar que, após décadas de lutas femininas pela liberação da opressão e pelo pleno exercício da sexualidade, após Leila Diniz tornar-se um modelo de sensualidade revolucionária com seu corpo grávido exibido nas praias cariocas, muitas mulheres aceitaram submeter-se a um novo tipo de prisão.

Só para você ter alguns dados empíricos sobre essa realidade, vou apresentar algumas observações da minha pesquisa, com 1.279 questionários respondidos por mulheres e homens moradores da cidade do Rio de Janeiro.

Ao perguntar "O que mais atrai você em um homem (uma mulher)?", encontrei que o que mais atrai as mulheres em um homem é a inteligência e o corpo. O que mais atrai os homens em uma mulher é a beleza, a inteligência e o corpo. Para a questão "O que mais atrai você sexualmente em um homem (uma mulher)?", a bunda é o que mais atrai sexualmente os homens (23%), enquanto o tórax é a resposta mais encontrada nas mulheres (17%). Praticamente a mesma porcentagem de homens (17%) e mulheres (16%) disse ser o corpo o que mais os atrai no sexo oposto.

Ao perguntar às mulheres "O que você mais inveja em um mulher?", elas responderam a beleza em primeiro lugar e o corpo em segundo. Quando perguntei aos homens "O que você mais inveja em um homem?", tive como respostas a inteligência, o poder econômico, a beleza e o corpo.

Não aprofundarei aqui a análise do aspecto cultural e simbólico da preferência das mulheres pelas partes superiores do corpo masculino e, inversamente, da atração dos homens pelas partes inferiores do corpo feminino, sendo a bunda a preferência nacional masculina desde que o Brasil é Brasil. Prefiro deter-me na recorrência da resposta "o corpo" como algo invejado, desejado e admirado não apenas pelas mulheres, mas também, expressivamente, pelos homens. O mais interessante é que em todas as questões acima a categoria "o corpo" aparece sem nenhum adjetivo. Apenas em uma das questões da pesquisa, quando, para saber o que homens e mulheres procuravam em um relacionamento afetivo, sugeri: "Se você escrevesse um anúncio com o objetivo de encontrar um parceiro, como você se descreveria? Como você descreveria o que procura em um parceiro?", este "o corpo" apareceu nas respostas como sexy, gostoso, malhado, trabalhado, sarado, saudável, atlético, entre outros.

A recorrência das respostas revela a centralidade que o corpo adquiriu para os indivíduos das camadas médias, no fim do século XX e início do XXI. Este segmento social foi estudado por ter uma visão de mundo e um estilo de vida que produziriam um efeito multiplicador que extravasa seus limites, podendo revelar, de forma mais geral, o processo de mudança que os papéis de gênero sofreram. Pode-se assim supor que a preocupação com o corpo alcançou mulheres de todos os segmentos da sociedade brasileira.

Outro dado da pesquisa merece destaque: 60% dos homens e 47% das mulheres afirmaram já terem sido infiéis. Nota-se que, apesar de não estarem tão distantes nessa questão, os motivos apontados para a traição foram completamente diferentes. Homens disseram trair por uma afirmação de sua virilidade, para provarem que são "homens de verdade". "Instinto", "natureza", "galinhagem", "é um hobby", "testicocefalia" e "pintou uma chance que eu não podia recusar" foram respostas presentes apenas no discurso masculino. A clássica dissociação entre sexo e afeto aparecia na maior parte dos pesquisados, apontando para a divisão feita pelos homens brasileiros entre "mulher da casa" e "mulher da rua", "santa" e "puta", "lugar da família" e "lugar do prazer sexual". Já nas respostas femininas encontrei "insatisfação com o parceiro", "falta de amor e atração", "auto-afirmação", "para levantar a auto-estima", além de um número significativo de mulheres que foram infiéis porque não se sentiam mais desejadas pelos parceiros.

Esse comportamento feminino demonstra como "o corpo" teve um peso importante nos relacionamentos afetivo-sexuais e, também, em determinados comportamentos que podem ser interpretados como frutos de uma cultura que valoriza excessivamente a aparência, a juventude e a forma física. O fato de muitas mulheres traírem apenas para provar que seus corpos são capazes de seduzir demonstra uma enorme insegurança com relação a outros atributos que também poderiam ser utilizados no jogo da sedução, como a inteligência, o charme, o humor, o poder, entre tantos outros.

No que diz respeito à maneira como homens e mulheres pensavam o corpo feminino também se percebe um grande distanciamento. As mulheres queriam seduzir homens com um corpo que estava longe da preferência masculina. O padrão de beleza desejado pelas mulheres foi construído por meio de imagens das supermodelos, que se consagraram a partir da década de 1980 e conquistaram status de celebridade na de 1990. Doenças como anorexia e bulimia tornaram-se quase uma epidemia em uma geração que cresceu tentando imitar o corpo de Cindy Crawford, Linda Evangelista, Claudia Schiffer, Kate Moss e da brasileira Gisele Bündchen. Só que os homens que responderam ao meu questionário elegeram como suas musas Sheila Carvalho, Luma de Oliveira, Luana Piovani, Mônica Carvalho e outras "gostosas" que estavam longe das medidas das modelos muito magras das passarelas.

Uma revista especializada dos Estados Unidos mostrou uma pesquisa com duzentas universitárias, das quais um terço, independentemente de serem gordas ou magras, disse que a imagem que o parceiro fazia do corpo delas era o mais importante durante o ato sexual. O estudo revelou que a ansiedade em relação à forma física levou muitas mulheres até mesmo a evitarem o sexo. A psicanalista inglesa Susie Orbach disse que um dos principais fatores que geraram a frustração em relação ao sexo era o modelo de beleza apregoado pela sociedade que afetava especialmente as mulheres. A apologia do corpo perfeito foi uma das mais cruéis fontes de frustração feminina no século XX. A obsessão pela magreza virou uma epidemia. A busca do corpo perfeito pode ser vista como um retrocesso no processo de emancipação feminina. Houve apenas um breve momento de progresso das mulheres nas décadas de 1960 e 1970. Depois disso, elas começaram a recuar, escravizadas por um modelo inalcançável de beleza. Há uma ironia nesse fato: justamente em um tempo em que as mulheres diziam querer ganhar espaço elas procuraram ficar cada vez menores e mais esquálidas.

Dados do período demonstram que a brasileira tornou-se campeã na busca desse corpo perfeito. A revista *Time* chamou atenção para esse fato na capa que trouxe Carla Perez com a seguinte legenda: "The plastic surgery craze: latin american women are sculpting their bodies as never before — along California lines. Is this cultural imperialism?" Segundo a Sociedade Brasileira de Cirurgia Plástica, o brasileiro, especialmente a mulher brasileira, tornou-se o povo que mais faz plástica no mundo: 350 mil pessoas submeteram-se a pelo menos um procedimento cirúrgico com finalidade estética em 2000. Em cada grupo de 100 mil habitantes, 207 pessoas foram operadas em 2000. Os Estados Unidos, tradicionais líderes do ranking, registraram 185 operados por 100 mil habitantes em 2000 (sendo a renda *per capita* americana oito vezes maior que a nossa). Mas o que tornou o Brasil especial nessa área foi o ímpeto com que as mulheres decidiam operar-se e a rapidez com que a decisão era tomada.

Para você, caro Arqueólogo, ter idéia de como a obsessão feminina com o corpo foi uma das marcas culturais do Brasil na virada do século XX para o XXI, basta dar uma olhada nos inúmeros sites na internet que incentivavam a anorexia. Um exército de adolescentes usou a internet para ensinar outras jovens a serem anoréxicas, pregando a inapetência e a autopunição sempre que comessem. As páginas são assustadoras, com fotografias de meninas esquálidas apontadas como modelos de beleza, dicas para enganar os pais e amigos para fingir que estão alimentadas e formas de punir-se caso comam algo que engorde. Um site brasileiro divulgou os seguintes mandamentos:

> Você não deve comer sem se sentir culpado. Você não deve comer algo que engorda sem se punir depois. Ser magra é mais importante do que ser saudável. Você nunca está magro demais. Ser magro é a coisa mais importante que existe.

Outras dicas são:

> Não engula! Morda, mastigue e jogue fora! Durma pouco. Dessa forma você queima mais calorias. Limpe banheiros ou ambientes bem sujos. Você perde a fome. Diga que você vai comer no quarto e jogue a comida fora. Em casa, diga que vai comer com os amigos. Aos amigos você diz que já comeu em casa.

Em *A dominação masculina*,[21] o sociólogo francês Pierre Bourdieu afirmou que os homens tendem a se mostrar insatisfeitos com as partes de seu corpo que consideram pequenas demais enquanto as mulheres dirigem suas críticas às regiões de seu corpo que lhe parecem grandes demais. O autor acreditava que a dominação masculina, que constitui as mulheres como objetos simbólicos, tem por efeito colocá-las em permanente estado de insegurança corporal, ou melhor, de dependência simbólica: elas existem primeiro pelo — e para o — olhar dos outros, como objetos receptivos, atraentes, disponíveis. Delas se espera que sejam femininas, isto é, sorridentes, simpáticas, atenciosas, submissas, discretas, contidas ou até mesmo apagadas. Nesse caso, ser magra contribui para esta concepção de ser mulher. Sob o olhar dos outros, as mulheres vêem-se obrigadas a experimentar constantemente a distância entre o corpo real, a que estão

---

[21] BOURDIEU, Pierre. *A dominação masculina*. Rio de Janeiro: Bertrand Brasil, 1999.

presas, e o corpo ideal, o qual procuram infatigavelmente alcançar.

Por outro lado, como lembrou Bourdieu, a estrutura impõe suas pressões aos dois termos da relação de dominação, portanto aos próprios dominantes, que são dominados por sua dominação, fazendo um esforço desesperado, e bastante patético, que todo homem tem de fazer para estar à altura de sua idéia infantil de homem. Na minha pesquisa, os homens revelaram-se extremamente preocupados com altura, força física, potência, poder, virilidade e, particularmente, com o tamanho do pênis. No início do século XXI, muitos adolescentes ficaram doentes e outros morreram porque usaram anabolizantes bovinos com o objetivo de adquirir massa muscular. Milhares escreviam para sites de psicólogos extremamente preocupados com o tamanho do pênis. Pode-se perceber que exigências terríveis a respeito de um determinado modelo de corpo escravizaram não apenas as mulheres mas também os homens.

O material de minha pesquisa sugere que a busca de um determinado modelo de corpo funcionava, para os indivíduos pesquisados, como uma luta simbólica imposta àqueles que não se disciplinavam para se enquadrar aos padrões exigidos. As sociedades são capazes de levar os seus membros, por meios puramente simbólicos, à doença e à morte, provocando a perda da vontade de viver, tornando-os deprimidos e marginalizando os que são diferentes. No caso estudado, a busca de um corpo considerado sexy, de acordo com os modelos socialmente legitimados, levou homens e mulheres a doenças e, também, à morte, simbólica ou até mesmo biológica.

Pode-se concluir que a aparente liberação dos corpos, sugerida por sua onipresença na publicidade, na mídia e nas interações cotidianas, no fim do século XX e início do XXI, tem, por trás, um processo civilizador, que se empreendeu e legitimou por meio dela. Graças à moral da boa forma, a exposição do corpo não exigia dos indivíduos apenas o controle de suas pulsões, mas, também, o (auto)controle de sua aparência física. É interessante destacar o paradoxo que o culto ao corpo gerou nessa cultura. Quanto mais se impunha o ideal de autonomia individual, mais aumentava a exigência de conformidade aos modelos sociais do corpo. Se é verdade que o corpo emancipou-se de muitas de suas antigas prisões sexuais, procriadoras ou indumentárias, ele encontrou-se, no período estudado, submetido a coerções estéticas mais imperativas e geradoras de ansiedade do que antes. A obsessão com a magreza, a multiplicação das academias de musculação, o uso de anabolizantes testemunham o poder normalizador dos modelos, um desejo maior de conformidade estética que se chocava com o ideal individualista e sua exigência de singularização dos sujeitos.

Então, caro Arqueólogo, responda às minhas questões: a mulher do futuro continua preocupada em ser magra, bela e jovem? O homem permanece com o desejo de ser alto, forte e viril? Quais são os novos modelos de corpo e saúde? Quem são as Giseles e os Gianecchinis do futuro?

Mulheres da *Playboy*. Uma conversa com Alexandre Werneck sobre as estrelas da revista no Brasil e na França

Mirian: Oi, Alexandre,[22] tudo bem?

Alexandre: Olá, Mirian, tudo ótimo. E com você? Que bom receber notícias suas.

Mirian: Alexandre, você sabe que eu não consigo dormir, não é? Acho que já lhe contei esse meu problema. Esta noite, aproveitei a insônia para colocar no papel algumas idéias soltas.

Primeiro, pensei em não te enviar, pois nada do que escrevi foi muito elaborado. São realmente idéias soltas. Mas ando meio culpada: já se passaram alguns meses do primeiro e-mail que você me enviou com a proposta de escrever sobre a Juliette Binoche na *Playboy* francesa. Eu estava na Espanha naquele momento, e prometi que escreveríamos

---

[22] Doutorando do Programa de Pós-graduação em Sociologia e Antropologia do IFCS/UFRJ. É jornalista e crítico de cinema e mestre em comunicação pela ECO/UFRJ.

algo assim que eu chegasse ao Rio, no fim de novembro de 2007.

Procurei a *Playboy* com a Juliette em Barcelona e Tarragona e não encontrei. Procurei no aeroporto de Paris e também não. Que bom que conseguimos finalmente receber pelo correio a revista da Juliette e as outras que se seguiram a ela, não é?

Desde que cheguei ao Rio, estamos tentando nos encontrar para escrever sobre as mulheres da *Playboy*. Trocamos dezenas de e-mails, mas sempre estou sufocada por compromissos, viagens, bancas, palestras, correções de trabalhos de alunos. Você, por outro lado, está afogado em tese.

Continuo, no entanto, seduzida pela idéia.

Instigada por aquela presença insólita na revista, acho uma excelente idéia escrever sobre as diferenças entre os corpos das francesas e os das brasileiras na *Playboy*.

Em 1990, cheguei a pensar em escrever minha tese de doutorado sobre as mulheres da *Playboy*. Comprei dezenas de revistas e esbocei um projeto em que discutia temas como gênero, corpo e sexualidade na cultura brasileira. Queria entrevistar algumas atrizes importantes que foram capa da *Playboy* na década de 1980. Conversei com meu orientador na época, mas ele não se entusiasmou com a minha idéia. Disse que as pessoas do meio acadêmico não levam muito a sério esse tipo de objeto de estudo. Como você sabe, acabei pesquisando a trajetória da Leila Diniz, que me possibilitou discutir os mesmos temas, que sempre me interessaram.

Que bom que posso retomar essa idéia agora, quase duas décadas depois, certa de que as pessoas estão mais abertas para entender o quanto um objeto como esse tem a dizer sobre a cultura brasileira. E ainda mais com a sua proposta de comparar as revistas brasileiras e francesas.

Então, pensei: e se eu repetisse com o Alexandre o mesmo processo de reflexão e troca de idéias que estabeleci com o antropólogo catalão Jordi Roca? Por e-mail, dezenas deles, construímos uma interessante análise sobre o casamento de homens espanhóis com mulheres brasileiras. Minha proposta é construir uma conversa, igualmente por e-mail, com nossas idéias sobre o tema. Proponho uma conversa livre, na qual um provoque o outro a pensar, a ter idéias novas, sem censuras. Eu, antropóloga. Você, jornalista e sociólogo. Acho que temos perspectivas teóricas e estilos muito diferentes que podem gerar um texto bastante criativo.

Insisto: sem nenhum tipo de censura, por favor.

Já sofremos inúmeras restrições no nosso cotidiano acadêmico, com milhares de referências teóricas e constrangimentos de linguagem. Não quero isso no nosso texto. Os nossos teóricos até podem entrar na conversa. Mas podemos ser um pouco mais livres ou, quem sabe, totalmente livres, não é?

Juliette Binoche não precisava disso, pensava eu com meus botões.

Malu Mader,[23] Cláudia Abreu, Camila Pitanga, Ana Paula Arósio também não precisam, igualmente pensava, ao lembrar de algumas atrizes brasileiras que não quiseram posar sem roupa.

E por que a *Playboy* precisa tanto delas?

Podemos começar pensando na *Playboy* da Juliette Binoche, como você queria. Por que uma atriz consagrada como ela topou posar, aos 43 anos? Você poderia me dizer por que ela posou? Ela fala sobre isso na *Playboy*, não é?

Alexandre: Antes de tudo, permita-me apenas dizer que essa idéia de "obra em construção" me agrada bastante. Até porque, se fizermos uma retrospectiva da idéia, veremos que ela é um *work in progress* há algum tempo: nossa primeira conversa sobre a *Playboy* aconteceu em 2005, quando fiz uma reportagem sobre a revista para o *Jornal do Brasil*. A matéria, intitulada "Corpos em evidência", mostrava que, como dizia o subtítulo, "inspirados por livro de fotos dos 30 anos da *Playboy* [brasileira], especialistas e estrelas atuais e antigas da revista discutem o que mudou nas mulheres e no modo de olhar para elas no Brasil". Naquele momento,

---

[23] "Há mais de duas décadas, Malu Mader se mantém como top na cotação *Playboy*. Ela já recebeu a 'indecente' proposta de US$ 1 milhão para rechear uma das edições da revista. 'Confesso que fiquei tentada, mas sou do tipo que não gosta de se expor. Nem por dentro, nem por fora', justifica. Leonardo Mourão, editor da *Playboy*, só tem a lamentar com tão enfática recusa. 'A Malu é uma bela mulher. E de muita atitude também. Mulheres assim interessam e muito', admite." *Correio Braziliense*, 20/4/2003.

eu propunha a tese de que a pauta de mulheres exibidas na capa da revista era guiada por um processo de "jornalistização", ou seja, no fato de elas estarem na mídia no momento. Eu liguei, conversamos sobre o tema e você disse que os homens presentes em sua pesquisa

> dizem que, hoje, não basta a mulher ser bonita e gostosa, ela tem de ser interessante, bem-sucedida, ter autonomia, carreira, ser alguém. Por isso, a primeira mudança importante a ser observada é que antes poucas mulheres apareciam e, quando isso acontecia, era pelo corpo. Hoje, há uma exigência nova de que elas apareçam. Pega até mal desejar uma mulher que é só corpo.

O editor da *Playboy* brasileira na época, Rodrigo Paranhos Velloso, corroborava a tese da jornalistização:

> Quando a revista começou, era a única com nudez no Brasil. Sair nela era uma prova de ousadia, ou seja, as mulheres apareciam por atributos naturais singulares ou por atitude. Hoje, a nudez é muito mais fácil. Em qualquer passeio na internet, você vê mulheres nuas. Então, é preciso ter algo mais.

Pois eis-nos hoje aqui diante de Juliette Binoche, aparentemente o paroxismo desse "algo mais": uma atriz de cinema de arte francês, uma ganhadora do Oscar, uma pensadora, uma mulher linda, uma feminista. Juliette não é um caso isolado. Ela é parte do surgimento de uma nova *Playboy* na França. A revista com ela na capa foi a edição nº 84, publicada em novembro de 2007. Mas a revista com a protagonista de *A liberdade é azul* era a segunda de uma série inaugurada um mês antes, com a capa apresentando a atriz Vahina Giocante fotografada pelo estilista Karl Lagerfeld. Tratava-se, então, de uma total guinada editorial e estética na versão francesa da publicação, que antes colocava em suas páginas sobretudo fotos de modelos, profissionais da beleza, e, naquele momento, passava a estampar em sua capa grandes atrizes de cinema. Nas revistas que se seguiram, vieram as também musas da sétima arte Ludivine Sagnier, Julie Ordon, Roxane Mesquida, Lou Doillon e Chloé Mons.

Temos, então, dois quadros dignos de nota para a exibição de corpos de mulheres. De um lado, uma revista, a brasileira, que nos últimos anos vem se consolidando como espaço de consagração de uma imagem pública de mulheres consideradas desejáveis, imagem essa que é legitimada pelo fato de ela estar sendo comentada midiaticamente. De outro lado, outra revista, a francesa, que antes apresentava modelos, passa a apresentar fotos de atrizes famosas, celebridades consideradas intocáveis, inacessíveis, inalcançáveis, presença essa legitimada justamente por essa "santidade". O que uma revista e outra podem nos dizer a respeito da maneira como o corpo da mulher é apresentado publicamente?

Mas comecemos com Juliette Binoche, aquela que nos chamou a atenção a princípio. Você me pergunta: por que ela aceitou? Há exatamente essa pergunta na entrevista publicada com o ensaio, dada a Antoine de Baecque, jornalista dos mais importantes e conhecidos da cinefilia mundial, crítico da segunda geração da mítica *Cahiers du Cinéma*, autor (com Serge Toubiana) da mais famosa e considerada definitiva biografia de François Truffaut (digo isso tudo para mostrar a importância que a revista deu a ela).

Playboy: Juliette Binoche na *Playboy* é surpreendente...
Juliette Binoche: Eu me dizia: *Playboy*, nunca na vida. Eu amo o nu, o nu na verdade, o nu em sua natureza. Mas gosto quando o nu está associado à pessoa, quando ele não é dissociado de seu ser, de seu movimento, de sua vida. Não me agrada o nu que vende, que transforma o corpo em máquina, numa coisa pulsional, uma arma carnal a ser descarregada.
Playboy: Por quê, então?
Juliette Binoche: Fui convencida por uma jovem equipe que quer mudar a *Playboy*, tal como gostaríamos de mudar o mundo, falando do corpo de maneira diferente, devolvendo-lhe sua alma. Temos a tendência de separar corpo de espírito, o corpo de suas emoções. Colocamos o prazer como algo separado. Tenho a ambição de mostrar justamente o contrário. De certa maneira, reivindicar um corpo como esse nas páginas da *Playboy* é um ato militante: tomar a palavra no coração do campo inimigo, no lugar em que está a escuridão, justamente aonde não temos o desejo de ir. Além disso, é uma forma de fazer chacota com o medo e com o o-que-será-que-dirão: eu queria ter coragem de interpretar meu corpo.
Playboy: Como você reage à nudez apregoada publicamente?
Juliette Binoche: Quando vejo corpos de mulheres apresentados em posições obscenas, sinto um verdadeiro mal-estar. Sinto cons-

trangimento. Essa imagem se tornou banal, insuportável. Na rua, você não tem mais sua liberdade de olhar, sua liberdade de pensar. Hoje em dia, vende-se tudo de uma mesma maneira, sejam as publicidades da Vuitton, sejam os carros, sejam as fotos pornôs. As mulheres são da mesma maneira desprezadas nas propagandas ditas "sexy". Na verdade, as novas campanhas seguem um estilo "chique e puta". A internet me incomoda menos: lá, é preciso querer ir ver.

Mirian: Interessante como Juliette Binoche inverte a lógica tradicional sobre o significado de posar nua na *Playboy* para justificar sua presença estranha na revista. Primeiro, a idéia de que é um ato militante: ela reivindica que um corpo como o seu (o corpo de uma atriz de enorme prestígio, mas também o de uma mulher de 43 anos, que, usualmente, está fora das capas desse tipo de revista) proteste no "coração do campo inimigo". Ela sabe que terá muito mais impacto tomar a palavra (uma palavra comunicada por meio do seu corpo nu) em um veículo simbólico importantíssimo, carregado de signos da dominação masculina que tradicionalmente reduziria o corpo feminino a um mero objeto sexual. Assim, o seu corpo-panfleto ou corpo-manifesto toma de surpresa a sociedade francesa, e não apenas ela, já que a publicação alcançou repercussão mundial. O lugar escolhido torna a sua palavra de protesto contra a nudez obscena e banal ainda mais poderosa para reivindicar e fazer existir uma nova concepção de corpo feminino. Seu projeto revolucionário se realiza com mais força dentro do paradigma de dominação masculina mundialmente conhecido. Para Juliette Binoche, posar nua não é algo constrangedor, é um projeto ambicioso de levar ao mundo uma proposta alternativa e radicalmente política sobre o corpo e a sexualidade feminina. Ela inverte a lógica dominante: posar nua não é uma forma de submissão feminina ao desejo masculino. É, ao contrário, uma forma de resistir a essa mesma dominação. O mais curioso é a mudança radical de postura: antes, nunca! Hoje, uma forma subversiva de resistência e de militância feminista. Como ela é mundialmente conhecida e respeitada, pode inverter o significado de posar nua para a *Playboy*, pode criar um significado completamente oposto ao que rege a lógica da revista. Mas é também uma forma de fazer chacota com o medo e com o "o-que-será-que-dirão", uma provocação e negação de todos os caretas, moralistas e preconceituosos de plantão, que podem não compreender a proposta política de sua presença na *Playboy* ou achar que a lógica da dominação masculina não foi quebrada e que a sua nudez se equipara à de outros corpos femininos presentes na revista.

Alexandre: Totalmente de acordo. É mesmo impressionante a ação da Juliette e, sobretudo, a ação da *Playboy* francesa. Colocá-la ali é um ato militante também da parte da revista. Não no sentido feminista do termo, claro, mas no sentido de converter-se a si própria de arauto de uma nudez banalizada em espaço de uma outra forma de exibição do corpo. Claro, é um projeto comercial, mas, ao mesmo tempo, minha aposta é que todo projeto é sempre um projeto de singularização. A *Playboy* francesa parece querer se diferenciar das outras revistas e das outras *Playboys*.

Nuas ou "peladas"?

Foto de Gisele Bündchen vai a leilão em NY[24]

A *übermodel* Gisele Bündchen nua é um dos grandes destaques do leilão de fotos que acontecerá na Christie's de Nova York no dia 10 de abril. A foto foi feita por Irving Penn e selecionada na enorme coleção particular de Gert Elfering.

Na foto, avaliada em cerca de US$ 40 mil, de acordo com o jornal inglês *Daily Mail*, a brasileira aparece bronzeada e com longos e desarrumados cabelos cobrindo parcialmente os seios. Outras estrelas que figuram nas fotos do leilão são Kate Moss e Brigitte Bardot. Espera-se que o leilão arrecade até US$ 6 milhões.

Nudez do bem[25]

A Christie's de Nova York fez nessa quinta-feira o aguardado leilão de fotografias de famosas nuas. Entre as beldades registradas, Gisele Bündchen, Kate Moss, Carla Bruni e Naomi Campbell.

* Gisele, claro, entre as musas citadas acima, foi a que conseguiu maior valor: um colecionador anônimo pagou US$ 193 mil por um sensual clique da top, feito em 1999 pelo fotógrafo Irving Penn.

---

[24] http://gente.ig.com.br
[25] http://glamurama.uol.com.br

* A imagem da primeira-dama francesa nua foi arrematada por um negociador americano que representava um colecionador da China por US$ 75 mil.

* Kate Moss e Naomi Campbell também estavam entre as mais cobiçadas. A de Kate, outro registro de Irving Penn, mas de 1996, rendeu US$ 97 mil. Já a de Naomi, parte da coleção "Naomi Campbell: Have You Seen Me?", de David LaChapelle, saiu por US$ 30 mil.

* No total, o leilão arrecadou US$ 4,3 milhões. A Christie's anunciou que doará parte do lucro obtido para uma ONG suíça que fornece água potável para países pobres.

Mirian: Essas duas notícias me fizeram pensar sobre o valor do corpo nu da mulher brasileira. Tenho defendido que no Brasil o corpo é o mais importante capital, pelo menos para as mulheres. Mas que corpo é o verdadeiro capital?

Duas brasileiras tornaram-se onipresentes na mídia nacional neste século XXI.

Uma, Gisele Bündchen, a modelo mais famosa e bem paga do mundo.[26] A foto de Gisele é uma obra de arte valiosa. A mesma foto na *Playboy* adquiriria um significado completamente diferente. Gisele ganha os próprios milhões de dólares (e euros) com seu corpo, nu ou vestido. Ela não precisa da *Playboy*. Seu corpo é um capital em um mundo considerado mais nobre, o da moda. Hoje, o mundo da moda

---

[26] "Gisele Bündchen lidera o ranking da *Forbes* das modelos mais bem pagas do mundo, com faturamento de US$ 35 milhões em 12 meses." *Folha de S. Paulo*, 4/5/2008.

se reivindica como um mundo de arte. O corpo completamente nu de Gisele é uma obra de arte que foi leiloada.

A outra, Juliana Paes, considerada gostosa por 11 a cada 10 brasileiros, posou nua para a *Playboy* em 2004. Juliana foi "eleita" a mulher mais sexy do mundo pela *VIP*, em 2007, no auge da fama de Camila Pitanga como a prostituta Bebel. Por que ela precisa posar para a *Playboy*?

Alexandre: Bem, para começar, ela foi eleita mesmo, sem aspas, porque é uma votação direta, dos leitores da revista. Talvez valessem aspas é em "do mundo", uma vez que é um olhar muito relativo, já que é uma revista. Agora, uma dúvida: por que você diz que ela precisa da *Playboy*? Entendo que, por oposição a Gisele, ela precisaria mais. Mas por que ela precisa especificamente? Você sugere que é porque ela ainda não conquistou a chamada "independência financeira" em sua profissão?

Mirian: Sugiro que a Juliana Paes precisa posar para a revista porque ela conquistou o posto de a mais sexy "do mundo", enorme capital para a sua carreira de atriz e de personalidade nacional, justamente por ter posado para a *Playboy*. Posso até pensar que Camila Pitanga não foi eleita a mais sexy "do mundo" em 2007 exatamente pelo motivo contrário: o fato de nunca ter posado para a revista a descredenciaria para o posto.

Alexandre: Mas Juliana posou para a *Playboy* em maio de 2004. E foi eleita a mais sexy do mundo pela *VIP* apenas em 2006 e 2007. É tempo demais no universo midiático para uma coisa ser diretamente explicada pela outra. É possível que se possa dizer que ela ter sido eleita pela *VIP* em 2006 sofreu influência de ela ter figurado na lista da revista *People* das "100 personalidades mais bonitas do mundo" naquele ano. Mas dizer que ela conquistou o posto de mais sexy porque saiu na *Playboy*, acho exagero. Essas publicações parecem seguir o burburinho em torno dessas personalidades em determinado momento. Juliana saiu na *Playboy*, parece, porque era uma atriz em ascensão e despertava muito interesse naquele momento. Vejamos: ela já dava o que falar desde 2000, quando estreou em novela em *Laços de família*, de Manoel Carlos, e fazia uma empregada doméstica que era objeto de desejo do personagem do Alexandre Borges (considerado um galã de primeira linha na Globo). Mas *Celebridade*, novela de Gilberto Braga, foi o momento da virada. Nela, Juliana era muito comentada: os personagens dela, Jacqueline Joy, e de Deborah Secco, Darlene, eram manicures que faziam qualquer coisa para se tornarem famosas. Jackie Joy, como foi apelidada, chegou a simular com um amigo um assalto em uma praia para ficar nua (o cara roubava o biquíni) e sair na mídia. Foi um dos capítulos de maior audiência da trama, que teve picos bem altos. Em fevereiro de 2004, já fazendo muito sucesso na novela, Juliana estreou como rainha da bateria da Viradouro, a escola de samba de Niterói, aparecendo com grande destaque também, uma vez que disputou espaço com várias deusas e foi eleita A Musa do Carnaval. Naquele momento, dizia-se, ela "sacudia o país".²⁷ Daí, parece, vem a *Playboy* em maio para consagrá-la como "a gostosa do momento". Em 2005, ela fez *América*, da Glória Perez. O personagem se chamava Creusa. Era, veja só, uma evangélica, mas de vida dupla. De dia, posava de santinha e dizia que o corpo é uma monstruosidade do pecado, e à noite seduzia os homens. Ela, então, era vista despindo os trajes quase monásticos de serva do Senhor e vestindo *lingeries* ultraprovocantes, cinta-liga etc. E seduzia o protagonista, personagem do Murilo Benício, um peão de rodeio. Houve até uma polêmica nos jornais, por conta de uma carta que ela enviou ao jornal *O Globo*, reclamando do tratamento que estava recebendo da mídia: ela não queria ser considerada apelativa por fazer um personagem sexy. Nesse meio-tempo, ela foi rainha da bateria da Viradouro e se consagrou como personalidade (entrevistas recorrentes, notas em colunas, perseguição por paparazzi, referência para opiniões etc.) Daí, pode-se talvez dizer que posar para a *Playboy* ajudou a compor o quadro que a tornaria a mais sexy do mundo. Sobre ela "precisar", em uma entrevista, ela diz: "Não me arrependo nem um pouco [de posar nua]. Eu precisava, minha família estava desestruturada. Queria dar um apartamento para eles, e foi o que fiz."²⁸ Esse argumento racionalista, essa razão prática, é recorrente. Mas em termos menos circunstancialistas, e

---

[27] "O reinado de Juliana Paes", reportagem de Elaine Lobato na revista *IstoÉ*, 11/2/2004. http://www.terra.com.br/istoe
[28] http://revistaquem.globo.com/Quem

tomando Juliana como exemplo de um fenômeno, pode-se dizer também que ela precisa (ou precisou naquele momento) da *Playboy* porque a revista se transformou em uma das principais chancelas para a celebrização feminina no Brasil. Nesse sentido, sim, ela precisava da *Playboy*, porque em uma carreira em ascensão, como estava em 2004, essa chancela era muito importante.

Mirian: Continuando meu argumento: no Brasil, um corpo que estivesse "apenas" nu não interessaria a ninguém, muito menos a um "leitor" da *Playboy* brasileira. Aliás, qual o corpo que interessa para a *Playboy*? O corpo-arte nu de Gisele na foto leiloada? Não, o que interessa para a *Playboy* parece ser a mulher "pelada".

Alexandre: Façamos, então, uma definição cuidadosa dessa oposição entre nua e "pelada" (acho que devemos, aliás, deixar o segundo termo entre aspas mesmo, num certo arroubo weberiano). Acho a diferença muito efetiva internamente a ela mesma, mas precisamos deixar mais clara a oposição. "Nu" é o corpo sem roupas de Botticelli, de Goya, das fotos do Mario Testino, da pura contemplação da beleza das formas do corpo. "Pelado" é interpretado como uma coisa pejada de genitalidade, uma imagem para o estímulo da sexualização construída a partir de uma exposição do corpo em sua dimensão mais física.

A partir disso, não sei se podemos afirmar que o interesse da *Playboy* está centrado na mulher pelada. Acho que há, sim, um interesse por essa mulher erotizada, genitalizada mesmo, a "pelada", mas não acho que a *Playboy* seja o maior ícone disso.

Por outro lado, parece-me que as imagens que saíram na *Playboy* francesa sairiam aqui, com algumas poucas exceções, em uma revista de moda comum. São fotos mais leves e de uma estética diferente em relação às de revistas masculinas em geral. Aliás, importante você ter chamado a atenção para o fato de que a moda hoje é um campo que se reivindica como arte. Porque as fotos da *Playboy* francesa atual são muito próximas às fotos de moda.

Queria citar outra reportagem que fiz para o *Jornal do Brasil*. Foi em janeiro de 2005 e era intitulada: "Elas são demais." Você também deu entrevista para essa matéria. A questão era: será que a superexposição midiática de mulheres que viviam de suas belezas não acabava por desgastar suas imagens? Na matéria, discutiam-se estratégias para se "economizar" a imagem de atrizes e modelos. Parece que no Brasil, hoje, a mulher que quer construir uma carreira imagética de longo prazo sai na revista nem tão "pelada" assim e, com isso, forma uma imagem mais "economizada" de si. Por exemplo: depois de participar do *Big Brother Brasil*, Grazielli Massafera sai na *Playboy* com fotos na época consideradas light, vende 564 mil exemplares, o que não se pode considerar uma vendagem baixa nestes tempos pós-2000, torna-se atriz da Globo, faz comercial etc. Por outro lado, outras BBBs, sem um projeto de carreira tão definido, parecem esgotar mais rapidamente suas imagens, aparecendo muito (em quantidade e em intensidade de fotos, digamos) em um momento imediatamente posterior ao programa.

Não acho que a oposição a ser feita entre o que acontece no Brasil e o que acontece na França seja entre "mulher pelada" e "mulher nua". Acredito que a questão central aqui é: como se legitima a imagem pública de uma mulher considerada publicamente digna de se dar ao trabalho de mover o olhar em direção a ela em um universo povoado de mulheres bonitas que se expõem o tempo todo?

Tenho pensado muito, por conta de minha pesquisa sobre desculpas (que, afinal, são falas, argumentos, signos, símbolos), em algo que tenho chamado de "regime de legitimação". Um regime é, em resumo, um conjunto de formas de agir, uma "gramática da ação", como definem os sociólogos franceses Luc Boltanski e Laurent Thévenot. Pois bem, minha idéia é pensar, a partir do modelo deles e do interacionismo simbólico, em um plano mais abstrato, no fato de que pessoas, objetos, instituições, discursos ou ações, quando em interação social, produzem conteúdos simbólicos, significados que influenciam as ações uns dos outros. Ora, não há razão para se acreditar que um conteúdo simbólico seja aceito/incorporado gratuitamente. Daí eu achar que esses conteúdos precisam ser legitimados. O que tenho chamado, então, de "regime de legitimação" é uma gramática própria de legitimação desses significados. Pois eu gostaria de construir nosso debate dentro desse quadro, o de um modelo dos critérios para se considerar um significado legítimo.

Minha percepção é que as pessoas, quando atuam para legitimizar esses significados, operam para demonstrar que as coisas cujos conteúdos simbólicos têm de ser legitimados são ou absolutamente iguais a outras ou absolutamente únicas.

O que me parece estar em jogo neste nosso caso é que o critério (e o diferencial de critérios entre Brasil e França) para ser considerada "estrela da *Playboy*" passa por dois diferentes regimes de legitimação, por duas diferentes formas de mostrar que a mulher exibida é diferente das outras, é única.

No Brasil, parece estar em jogo um mecanismo de legitimação por diferenciação, ou seja, pela produção de uma mulher dotada de diferenciais competitivos. Por isso, se midiatizaria a legitimação, porque ela é preenchida com os vários conteúdos simbólicos contidos nos noticiários e faz com que ela seja lida como uma imagem digna de disputar espaços em um mercado lotado de outras imagens semelhantes. Assim, quando a Juliana Paes sai na *Playboy*, ela sai porque é "a gostosa do momento", diferentemente da mulher que saíra um mês antes, que era a daquele momento, e diferentemente das outras mulheres que habitam o mercado midiático brasileiro. Ela sai porque é a Jackie Joy da novela, coisa que nenhuma outra mulher é naquela hora. Ela "está" a mulher mais desejada daquele mês.

Na França, no modelo da nova *Playboy*, parece estar em jogo um outro regime de legitimação, que eu chamaria de singularização. Em vez de mostrar que a mulher é simplesmente diferente porque tem uma pauta, eles estão operando para mostrar que conseguiram fotografar uma mulher única, singular, como um objeto de arte. Essa singularização pode ser feita por a mulher da capa ser fotografada pelo Karl Lagerfeld ou pode ser feita por ela ser a Juliette Binoche (que nunca posaria para a *Playboy*) ou por ela ser a jovem atriz mais amada da França (Ludivine Sagnier), enfim, por ela "ser" e não por ela "estar".

Mirian: Mas ainda há uma questão a ser atacada diretamente: por mais que haja esses conteúdos simbólicos, a apresentação do corpo é feita de maneiras diferentes. Insisto em que o que parece interessar aqui não é apenas a ausência de roupa, mas o corpo feminino "pelado", que não se envergonha, não se esconde, não oculta seus perigos. Um corpo que se mostra depilando suas partes mais íntimas ou mesmo coberto por pêlos em excesso, não tem e não quer ter nenhuma sutileza, delicadeza, mistério.

Alexandre: Eu não diria que é isso o que acontece sistematicamente na *Playboy*. Mas, sim, você tem razão: há um mercado de poses bem ginecológicas, dispersado pela internet e por um gênero de revistas mais baratas. É um mercado forte, mas que, entretanto, não chega a alcançar as carreiras dessas mulheres mais midiatizadas, que participam mais do cotidiano das pessoas comuns porque aparecem na novela, cantam, dançam etc. Estas, de maneira geral, não aparecem nesse universo. Talvez essa coisa da pose ginecológica na

Playboy tenha sido algo das décadas de 1980, anos pós-ditadura, e de 1990, da era do É o Tchan, de uma era do "nunca mostramos isso, agora vamos mostrar". Foi o momento mais ousado da revista (curiosamente, também o de maior vendagem). De maneira geral, acho que as pessoas ficam até constrangidas de ver coisas mais ginecológicas, aquilo que ficou marcado com a imagem de "pôster de parede de borracheiro". Algumas pessoas consideram a *Playboy* uma revista mais elegante que as concorrentes. Acho que as fotos da *Playboy* são sutis em vários momentos. Por exemplo, o ensaio da Alessandra Negrini, em abril de 2000, interpretando uma prostituta. São fotos elaboradas, inteligentes, criativas.

Por outro lado, não se esqueça de que a foto que você citou, a da Adriane Galisteu se depilando, está em uma revista de agosto de 1995, mais de uma década atrás. Depois daquela fronteira batida (que muita gente diz que foi o limite), a tendência dos anos 2000 tem sido de fotos bem menos agressivas. Salvo alguns casos, os corpos têm sido fotografados muito mais por seus contornos e formas do que por seus orifícios. Acho, inclusive, que é uma mudança de olhar fotográfico e de editoria. E olha que os anos 2000 viram o apogeu das mulheres do BBB, cuja imagem estaria se construindo em parte pela *Playboy* e que precisariam da pose ginecológica, mas que, ao mesmo tempo, têm uma imagem desgastada desde que saem da casa: a BBB sai, posa para o site Paparazzo e depois para a *VIP*.

Quando elas chegam à *Playboy*, já estão "demais" e vendem menos.

Mirian: E as fotos da Juliana Paes? As curvas dela não lembram as curvas do Pão de Açúcar?

Alexandre: Eu digo é que as posturas ginecológicas podem até existir, mas não são generalizadas e nem são o padrão na *Playboy*. Sobre as curvas da Juliana Paes que "lembram o Pão de Açúcar"... As fotos são é sem graça, sem nada de muito marcante como fotos, mas aí é outra discussão. De todo modo, embora a bunda seja mostrada, claro, com destaque, parece haver interesse nos seios também. Se fizer na ponta do lápis, há quase tanto interesse em fotos em que os seios aparecem quanto nas em que os glúteos são protagonistas (contei, em 28 fotos, 9 em que o *punctum* são os seios contra 12 em que a bunda é o principal elemento visual da imagem). Sobre acidentes geográficos, acho que o que queriam com aquela foto é exatamente isso, mostrar a bunda como montanha mesmo, como "beleza natural" do Brasil.

Mirian: Esse realce da bunda nas fotos da *Playboy*, além de reforçar a conhecida preferência nacional destacada por Gilberto Freyre, não é fruto do que Pierre Bourdieu chama de dominação masculina, ou seja, a mulher associada à natureza, à parte inferior, à submissão, à animalidade, à sexualidade?

Alexandre: Semiologia por semiologia, poderíamos dizer que os seios são a parte submissa porque estão mais associados à maternidade (numa sociedade casamenteira e maternal como a brasileira, como você aponta). No caso específico da Juliana Paes, é porque esse é, ora, o diferencial físico dela. É um dos elementos que chamam a atenção nela. Olhei no perfil feito para a *VIP*: ela tem 98cm de quadril!

No caso genérico, os brasileiros parecem ter mesmo preferência pela bunda aos seios. Sim, poderíamos dizer, concordando com Freyre, que essa "preferência nacional" é produto da dominação masculina, dessa inferiorização da mulher. Mas os americanos têm preferência pelos seios e talvez possamos dizer que os seios são o lugar da dominação masculina na cultura deles. Sim, pode ser uma forma da dominação masculina. Mas, ao mesmo tempo, não deixa de ser uma representação de positividade: "Fulana é bonita, tem uma bunda bonita." De todo modo, acho que a Juliana Paes tem uma imagem pública que ultrapassa isso.

Uma provocação: por que o fato de a bunda ser valorizada é algo ruim? Não é um elemento de uma economia afetiva das pessoas?

Sobre o "não ter vergonha de mostrar tudo", eu sei que não é exatamente disso que você está falando, mas é só uma observação, para não deixarmos de falar no tema. Um dos elementos mais engraçados da mitologia em torno da *Playboy* brasileira é o mito do Photoshop. A mulher pode não ter vergonha de mostrar seu corpo, mas não, diz-se, sem que antes ele passe por uma sessão de revisão pelo *software*, que apagaria celulites, gordurinhas, manchas, estrias etc. Há o mito do "sem Photoshop", que a mulher diz quando posa, para garantir que toda sua beleza ali é real, natural. Criou-se até a idéia da mulher "photoshopada". Há inclusive uma piada de internet, mostrando aquilo que seria a fotografia "real" da Juliana Paes, exageradamente cheia de estrias, manchas e celulites! Estabeleceu-se um anedotário em torno dessa idéia de que a mulher que ali está "não pode ser real", de tão bonita e perfeita que parece. Ela teria sempre de passar pela ação do Photoshop.

Mirian: É interessante a idéia de que o Photoshop protege a mulher de estar verdadeiramente "pelada" ao eliminar as mínimas imperfeições do corpo feminino. De certa forma, o Photoshop veste a mulher, ao despi-la de suas rugas, estrias, celulites, manchas. Ele cria uma nova pele para a nudez feminina, que parece ser completamente lisa e imaculada. No livro *Nu e vestido*, discuti a dificuldade feminina em mostrar o corpo nu com todas as suas imperfeições. A atriz Marisa Orth (capa da *Playboy* em agosto de 1997) disse em uma matéria[29] que era "mais fácil tirar a roupa para um fotógrafo, com toda aquela produção, do que ficar nua a dois, sem retoques". Kaká Moraes, que fez a maquiagem de várias estrelas das capas da revista, disse na mesma matéria: "As mulheres que posam para a *Playboy*, hoje, são mais paranóicas com o físico do que em qualquer outra época. Querem saber o que o computador pode retocar, se o nariz vai sair daquele jeito, têm crise de choro."

---

[29] "Elas são loucas." *Folha de S. Paulo*, 3/9/2000.

Por outro lado, apesar de vestidas pelo Photoshop, tudo tem de ser didaticamente mostrado, dizendo explicitamente: eu estou "pelada". Mostro tudo, pois só irei vender a "minha *Playboy*" se mostrar algo mais do que as outras. E quero vender muito a "minha *Playboy*". Aliás, gostaria de ser a mulher que mais vendeu *Playboy* no Brasil. Quero ser a número um da *Playboy*.

Alexandre: Antes de entrar propriamente nessa questão da "número um", uma observação: muito bom você dizer que o Photoshop "veste" as mulheres. É interessante pensar que as fotos de Juliette Binoche apresentadas pela *Playboy* também foram fotos "vestidas". As imagens dela, feitas pela fotógrafa francesa Marianne Rosenstiehl, que tem uma carreira importante como fotógrafa de moda, são todas fora de foco. Sim, Juliette aparece nua, mas entre aspas. Seu corpo nu nas imagens em que ela dança não são senão borrões, silhuetas de um corpo que se move. É também uma forma de proteção, de preservação contra as imperfeições do corpo, de vestir o corpo nu.

Sobre o ranqueamento, concordo e não tenho muita dúvida de que as mulheres devem se envaidecer com a possibilidade de ser "a número um". Minha questão é em que consiste o "algo mais que as outras" que elas teriam de oferecer para isso. Minha aposta é que esse "a mais" não é exatamente físico e nem é um grau de desinibição. Minha aposta é que esse "a mais" é simbólico. Por outro lado, tenho a impressão de que essa idéia de supremacia se esgota na história da carreira. Porque essas mulheres ou querem ter uma carreira de longo prazo, e usam a *Playboy* para uma alavancagem financeira e/ou de imagem, ou querem ganhar dinheiro porque apareceram por uma circunstância qualquer. Nesse sentido, acho que essa obsessão por se tornar a número um não deve ser hoje tão importante. Até porque a era das grandes vendagens acabou, e essa competição ficou quase impossível. Faz dez anos que as vendagens caíram muito (claro, com maior oferta das fotos pela internet). Então, tornar-se a número um da história da *Playboy* hoje é quase tão absurdo quanto querer ser a maior bilheteria da história do cinema brasileiro. Nunca um filme nacional vai chegar aos 12,5 milhões de espectadores de *Dona Flor e seus dois maridos*. Não se chega mais a esse número. A maior vendagem média da *Playboy* em 2007 foi de 340 mil exemplares. Acho que hoje, na *Playboy*, a barreira está na casa dos 500 mil. Se passar disso, a estrela já se sente muito feliz e poderosa.

Acredito, então, que há mais uma "paz armada" entre essas mulheres. Não vejo as mulheres competindo pelo posto de "a mais gostosa". E aí vem, parece, uma categoria central para o nosso debate: gostosa. Podemos pensar em uma definição formal: gostosa, no Brasil, é uma mulher dotada de um reconhecimento como desejável sexualmente, alguém que possui atributos físicos e simbólicos capazes de classificá-la como desejável.

Acho que é preciso diferenciar claramente dois campos de "engostosamento": o público e o privado. Parece-me que há três coisas diferentes em pauta: 1) o ser gostosa na vida privada; 2) o ser gostosa na vida pública; e 3) o ser "uma gostosa".

O primeiro corresponde à mulher que é adjetivada como gostosa no âmbito de um relacionamento. O gostosa é um adjetivo, um elogio, atribuído por alguém familiar (um namorado, por exemplo). É um tratamento especial, pessoal, amoroso até.

O segundo corresponde à mulher pública que é eleita como "gostosa do momento", que recebe o adjetivo porque está legitimada publicamente como uma mulher merecedora de desejo e digna do trabalho de se comprar a revista.

O terceiro termo, o "uma gostosa", é uma expressão recorrente em noticiário de celebridade e programas de humor. Ser "uma gostosa", no Brasil, é ter uma profissão. "Uma gostosa" é uma mulher que trabalha com o corpo na mídia, que é reconhecida publicamente como alguém que vive de sua imagem de mulher gostosa. É o que se diz das assistentes de palco, essa profissão tão curiosa que ressurgiu (lembra-se das chacretes?) nos últimos anos com muita força. Veja quantas dançarinas do Faustão foram BBBs, veja quantas assistentes do Luciano Huck e do *Pânico na TV!* saíram nas revistas *Playboy* ou *Sexy*.

E é sensacional que nessa definição se use o artigo indefinido: "uma" gostosa é "apenas mais uma" gostosa. É um exemplar de uma categoria, um caso apenas. É diferente da adjetivação. É uma definição substantiva. A mulher é "uma gostosa" como pode ser "uma vendedora" ou "uma professora". Não há erotismo nessa definição, não há libido em apontar "uma gostosa". Ela é gostosa *per se*, como integrante de um grupo profissional. A libido está quando se diz: "Pô, mas aquela gostosa do programa do Luciano Huck, aquela tal de Dani Bananinha, é gostosa, né!?" Eu já ouvi exatamente essa frase. Claro, nunca ouvi ninguém dizer que "uma gostosa" não é gostosa. Isso é básico. Para ser da profissão é preciso ser gostosa "natural" (com todas as aspas que as próteses de silicone exigem). Mas quando se diz que "uma gostosa" é gostosa, o que se está dizendo é que ela recai no segundo caso da definição acima, ou seja, que ela é merecedora do reconhecimento público como mulher desejável. Eu me arriscaria a dizer que, por exemplo, um dos motivos de destaque da Dani Bananinha é o apelido. O epíteto dela é um capital simbólico, como quer Bourdieu. É aquela dentre as "umas gostosas" do Luciano Huck de quem as pessoas lembram o nome. Por exemplo: digamos que no programa dele um competidor em uma prova tinha de escolher uma bola: "Você quer a bola que está com a Clarissa, a Marcelinha, a Juliana ou a Dani Bananinha?" O cara geralmente respondia: "Dani Bananinha." Todas eram "uma gostosa". Mas essa era marcante: "uma gostosa" gostosa!

O que me interessa pensar aqui são os mecanismos de "engostosamento" da mulher na esfera pública. Porque não basta apenas o corpo. Como já insinuei, os adjetivos sexy, bonita e gostosa não são definidos apenas por atributos físicos. As mulheres podem até ser sexy, bonitas e gostosas, mas para ganharem o título na esfera pública elas dependem de um *account* de legitimação, uma forma simbólica que lhes permita se diferenciar do enorme mar de gostosas que circulam por aí.

Mirian: Então, como se elege uma gostosa pública?

Alexandre: Minha tese é que no Brasil há um processo simbólico envolvendo a jornalistização da mulher, no sentido de associá-la a uma pauta jornalística, a fim de mostrá-la como dotada de diferenciais competitivos, de diferenciá-la como mercadoria digna de atrair o olhar. Há, claro, uma "gostosice natural", um conjunto de atributos físicos publicamente reconhecidos e legitimados, que a mulher tem que ter. Se fosse baranga não poderia ser convertida em gostosa. Mas, como disse, há nesse mercado um excesso, um excedente, de gostosas "naturais", dotadas dos atributos físicos necessários. Para sobressair, ela tem de ter um "a mais". Daí entra em cena uma economia da imagem, um jogo de oferta e procura mesmo: há a gostosa que as pessoas querem ver e as "umas gostosas" que as pessoas não têm o menor interesse em ver, que não fazem diferença. Tem tanta "uma gostosa" por aí que o interesse só recai sobre as diferenciadas.

Acho também que há uma economia do reconhecimento, da familiaridade, na construção dessa imagem. Uma gostosa *per se* é apenas um "pedaço de carne". Mas uma gostosa "imagética" é alguém que conhecemos, que sabemos quem é, que nos é familiar, com a qual se cria uma relação. Talvez, e isso é apenas uma hipótese, estejamos buscando relacionamentos, talvez tudo isso seja uma emulação do mercado das relações: é mais interessante transferir o desejo para alguém de quem sabemos algo. Não tem mais graça transformar em objeto de desejo a modelo sueca genérica que estava lá nas décadas de 1970 e 1980. Agora, é preciso que aquela mulher seja alguém próximo, familiar (não familiar como "moça de família", mas como "moça da família"). É o que acontece no culto das celebridades: alguém vê a Deborah Secco na rua e chega pra ela: "Deboraaaaaaaaaaaaah", como se ela fosse sua amiga de infância.

Algo semelhante aconteceria na França hoje. Mas em vez de se diferenciar do mar de gostosas pela jornalistização da mulher, a estratégia de lá é de construção de uma imagem outra da *Playboy* francesa. As mulheres que estão posando são aquelas consideradas inalcançáveis, porque vindas do cinema, de um ambiente mítico, sacrossanto, na França. Não se esqueça de que, lá, essas mulheres fazem parte de uma estratégia de lançamento de uma nova revista, de uma nova *Playboy* e, portanto, da construção de uma reputação da publicação, daí elas terem uma cara de intervenção, de manifesto.

Mas há outro elemento no caso deles: a estética adotada para se diferenciar da *Playboy* como ela era e das revistas de mulher "pelada" de maneira geral é por meio da estética de moda. Não apenas eles começaram com o Lagerfeld no primeiro número do novo projeto, como fizeram, além do nu, um ensaio de moda com a Juliette Binoche. Mas o que é mais central é que eles imprimem uma estética fashion para as fotos, que trazem invariavelmente créditos das roupas que as mulheres "usam", trazem as marcas, tendem para uma estética típica da fotografia fashionista, em que o destaque é o diálogo da mulher com a roupa. A opção foi singularizar essas mulheres também por um adoçamento estético, por uma deserotização da mulher como corpo puro e simples e por uma erotização dessas mulheres no campo da moda (onde elas aparecem ao lado de outras mercadorias, vestidos, sapatos etc.), um campo que, como você disse, ganhou status de arte. Quando perguntada por que aceitou posar para a revista, Ludivine Sagnier respondeu: "Porque eu amo a moda." E quando escolheram a estrela de seu primeiro número para o novo projeto, eles optaram por Karl Lagerfeld. Sim, as fotos mostram a atriz Vahina Giocante, mas o grande destaque da edição é dado ao estilista. Assim, a dramaturgia do ensaio de moda legitima o tirar a roupa. É um pseudovestir-se a legitimar o despir-se. Estratégia muito interessante, muito francesa, eu diria. Tudo para que a imagem seja singular, única.

Mirian: Qual a medida entre a saturação e o mistério?

Alexandre: Acho que é caso a caso. Quando o gerenciador de carreiras Ike Cruz diz, na matéria que fiz para o *Jornal do Brasil* sobre a superexposição das mulheres bonitas, que recomenda que as clientes dele cobrem caro para fazer eventos e, assim, limitem os possíveis convites, tem-se a medida da complexidade do negócio: cobra-se caro para coibir, mas, ao mesmo tempo, valoriza-se o passe quando o convite é efetivado. A saturação vai depender de uma série de fatores específicos da carreira. Mas terá a ver com a noção de valor, com o prestígio que a pessoas conseguirem acumular em torno de si.

Mirian: Algumas vezes me pergunto se a própria idéia de mulher sexy não está em decadência. Já testemunhei, inúmeras vezes, mulheres lindas correndo no calçadão de Ipanema e nenhum homem (nenhum!) se virar para olhar ou fazer algum comentário.

Alexandre: Não sei, mas acho que não. Acredito que os elementos de se considerar uma mulher sexy é que estão mais complexos. Há uma banda de música eletrônica que se chama Cansei de Ser Sexy. Sinal dos tempos, parece um desejo de tornar a coisa mais elaborada. Acho que em paralelo a um "cansei de ser sexy" fica inevitável um "cansei de ver sexy". O cansaço é o mesmo! Mas... você quer mesmo usar Ipanema como parâmetro?

Mirian: Por que não?

Alexandre: Primeiro porque Ipanema é um microcosmo muito peculiar. É lotado de turistas (com um forte turismo gay masculino, inclusive) e é uma região de muita multiplicidade cultural, além de ser um bairro elegante, o que pressupõe uma "apresentação de si", bem no sentido do Goffman, intermediada por uma série de regras muito peculiares. Além disso, há uma praia ali ao lado, o que indica uma oferta de corpos expostos que reduz um bocado o efeito de se ver um corpo bonito. Mas vá ao Centro, em que as mulheres usam terninhos e roupas de trabalho, e você verá um batalhão de moradores de Ipanema se virar quando elas passam.

Mirian: Será que ser gostosa é brega, hoje em dia?

Alexandre: Não, não é. De jeito nenhum, pelo contrário. O que é considerado brega é ser apelativa para ser gostosa. É preciso pensar o componente moralista dessa atribuição. É habitual ouvir críticas às mulheres mais liberadas, que são estigmatizadas (sirigaita, piranha, fácil, vulgar, sem noção) até pelas próprias mulheres. Há um mito engraçado, o da "obra", aquele em que a mulher passa na frente da construção e é chamada de gostosa pelos trabalhadores. Há uma polêmica em torno disso, mas em geral acho que as mulheres dirão que é uma coisa vulgar. Ao mesmo tempo, entretanto, essas mesmas mulheres querem ser consideradas gostosas pelos homens próximos (e, algumas, pelos distantes). Porque, afinal, ser gostosa é ser diferenciada, especial, singular.

São dois fenômenos distintos, em dois mercados distintos: de um lado, em um mercado imagético, há a atribuição de gostosa na vida pública. De outro, no mercado das relações afetivas, na vida privada. Neste, não há venda de imagem, mas sim conquista de parceiros. Ser gostosa ali é ser considerada gostosa pelo homem que se quer, é ser singularizada por ele. É invariavelmente positivo, porque é singularizador, é dizer: você é única.

Sobre mulheres interessantes e mulheres gostosas: o corpo como capital

Mirian: Agora eu acho que a conversa ficou mais interessante. Para aproveitar, vou desviar um pouco das gostosas e perguntar para você o que é uma mulher interessante. Gostei quando você falou que a mulher brasileira adora que seu namorado ou marido diga que ela é gostosa, porque se sente única, singular, insubstituível. Encontro isso nas minhas pesquisas como um desejo fundamental das brasileiras. Por outro lado, os homens que pesquisei dizem, sim, que existe muita mulher gostosa sobrando, mas que não encontram mulheres interessantes. E eles dizem que querem a mulher interessante, não dizem (pelo menos para mim) que querem uma mulher gostosa. O que vale mais no mercado afetivo-sexual? A mulher interessante ou a mulher gostosa? No mercado, tem mais mulher interessante ou mulher gostosa? Ou, para ser realmente gostosa, tem de ser interessante? Ou, ao contrário, para ser realmente interessante, tem de ser gostosa?

Alexandre: Repito que são dois mercados diferentes, o das mulheres imagéticas e o dos relacionamentos. Acho que o desejo em um terá sempre influência sobre o que se deseja e sobre como se deseja no outro, mas me parece claro que são dois mercados diferentes. Assim, ser chamada de gostosa pelo namorado é um elogio dentre muitos que são importantes na economia de demonstração de que ela é única, o que é essencial nos relacionamentos: gostosa, bonita, especial, fofa etc. Tudo isso fará parte dessa forma de legitimação.

Sobre gostosa *versus* interessante, acho que ser gostosa (como adjetivo privado, familiar) faz parte de ser interessante. Fala-se interessante como algo maior, que é composto de muitos elementos. Tem de ser gostosa (como adjetivo familiar), mas não basta ser gostosa.

Mirian: Aproveito a deixa para tentar pensar sobre outra questão que me fascina. Sou fã de mulheres poderosas, como Oprah, Madonna, Angelina Jolie. Elas têm poder, objetivamente, mas também subjetivamente. Passam isso com seus corpos, suas roupas, suas vozes, suas posturas assertivas, até com suas revelações de fragilidade. O poder que emana do corpo delas é muito sedutor. Outras mulheres, poderosas objetivamente, não emanam o mesmo poder subjetivo: Nicole Kidman, Julia Roberts, Jennifer Aniston etc. Na voz, na roupa, no corpo, na postura vitimizada de garotas rejeitadas, elas parecem muito frágeis, nada poderosas. Nesse sentido, são muito mais próximas do que eu sou, não me fascinam, não parecem ter o que eu não tenho (o poder subjetivo das primeiras). Aqui no Brasil não consigo encontrar essas mulheres poderosas.

Alexandre: Acho que nem no Brasil, nem nos Estados Unidos, de onde essas vêm, nem na França e nem em Papua-Nova Guiné. Essas mulheres aí são casos muito pontuais, muito raros, de um megapoder, de uma *überwoman* que se dá em situações muito peculiares.

Mirian: Todas as gostosas parecem extremamente frágeis, submissas, infantis, algumas vezes até burras. Elas parecem existir apenas para o olhar masculino, fazendo tudo para serem reconhecidas por esse olhar.

Alexandre: E para o feminino também, não nos esqueçamos da dimensão da pura competição estética entre as mulheres. Aí acho que é sua praia, a problemática de gênero: no caso específico do Brasil tem a ver com a sociedade machista, a dominação masculina como Bourdieu a descreve, mantida com a participação da própria mulher.

Mirian: Já as minhas poderosas estariam pouco ligando para o que os homens querem ou deixam de querer, apesar de terem os seus homens (homens até muito legais, no caso de Oprah, Madonna e Angelina). Mas elas dão a impressão de que poderiam muito bem viver sem eles.

Alexandre: É, poderiam, conforme o caso. Se bem que no que diz respeito a Angelina Jolie, ela e o Brad Pitt deixaram um pouco de ser homem e mulher, não é? Viraram os dois esse treco que as pessoas chamam de Brangelina! É uma entidade de dois gostosos e poderosos. Brad Pitt é o segundo na Hot List de celebridades da revista *People*, perdendo apenas para Angelina Jolie (para você dar pulinhos de alegria), e é o segundo ser do sexo masculino da lista da *Forbes* de celebridades mais poderosas do mundo. Neste ranking, aliás, Pitt é o primeiro nome de Hollywood, embora seja o quinto no geral — e perca para a Madonna (mais pulinhos de alegria para você).[30] Já Angie, como ele a chama, é a folha de rosto da sessão Women We Love da *Esquire*, além de ter toda essa presença humanitária. Essa entidade, Brangelina, ultrapassa até as personalidades dos dois; ultrapassa mesmo os desempenhos de ambos como atriz e ator.

Mirian: Vou fazer uma comparação com minha experiência com as mulheres alemãs, em junho e julho de 2007. Lá, as mulheres interessantes, que são consideradas e se consideram interessantes, são as mulheres que têm algum tipo de relação com o mundo intelectual: são mulheres de idéias interessantes, inteligentes, seguras, assertivas, independentes economicamente (é lógico), mas muito mais independentes do olhar dos outros. O corpo físico, a beleza, a juventude, a magreza, as curvas não entram nessa categorização de mulher interessante. Aqui, é impossível imaginar que uma mulher como esta seria considerada interessante. Lá, na faixa etária que estou pesquisando, entre 50 e 60 anos, elas estão

---

[30] A lista da revista *Forbes* apresenta as 100 celebridades mais poderosas anualmente, em um ranking que compõe fortuna pessoal, presença na internet, presença na imprensa e presença na TV. Na lista de 2007, os dez mais foram: 1) Oprah Winfrey; 2) Tiger Woods; 3) Madonna; 4) Rolling Stones; 5) Brad Pitt; 6) Johnny Depp; 7) Elton John; 8) Tom Cruise; 9) O rapper Jay-Z; 10) Steven Spielberg.

no auge de suas vidas e são vistas (e se vêem) como mais interessantes do que nunca.

Quando falei para algumas alemãs que muitas brasileiras adoram ser chamadas de gostosas, elas reagiram com a mais profunda indignação. Elas não compreendem como uma mulher pode gostar de ser elogiada com algo que tem a ver com comida. Disseram: "Que falta de dignidade!" Portanto, ser gostosa lá, longe de ser um valor, seria um profundo desrespeito e uma desvalorização, a comparação com algo a ser saboreado, como uma sobremesa.

Já aqui escuto das mulheres da mesma faixa etária que uma das maiores dores de envelhecer é não ser mais considerada gostosa, não ouvir elogios na rua, tornar-se invisível para os homens, fora do mercado da sedução. Escuto isso de mulheres bonitas, inteligentes, muito bem-sucedidas, com alto poder aquisitivo etc. etc. etc.

Ser gostosa aqui é tão ou mais importante do que ser interessante, inteligente, independente. O ser gostosa é um reconhecimento que apenas o homem pode lhes dar. Aqui, o gostosa tem a ver com ser sexy, e ser sexy aqui é bem diferente do que é ser sexy na Alemanha. Primeiro, porque as alemãs dizem que tentar ser sexy é algo admissível apenas até os 25 anos, que é um comportamento permitido apenas às jovens. Depois dessa idade você é uma mulher madura, e uma mulher madura não quer ser sexy; quer ser inteligente, interessante, independente, emancipada. No Brasil, as mulheres querem ser gostosas até morrer, vide os exemplos de mulheres de mais de 50, ou até de mais de 60, com minissaias e decotes que deixariam as alemãs ainda mais indignadas. Ser gostosa é fundamental, não importa a idade. Não existe a idéia de que se deve ser (principalmente) uma mulher emancipada, independente, autônoma, uma vez que o olhar masculino é o que dá o justo valor feminino no mercado da sedução.

Na Alemanha, a cultura é de mulheres emancipadas, na qual o corpo não é um valor e muito menos um capital. Brasileiras e alemãs olham umas para as outras com estranheza, como tribos exóticas ou atrasadas, por um lado, ou, por outro, como mulheres que querem ser iguais aos homens e, portanto, pouco atraentes e sedutoras. Aqui não é qualquer corpo que é um capital. É o corpo sexy, é o corpo da mulher considerada gostosa, corpo que dá o justo valor feminino no mercado afetivo-sexual. Lá, outras regras valem para a valorização da mulher. Acho que a principal tem a ver com o poder objetivo e subjetivo que ela conquista, ao longo da vida.

Ainda sobre essa oposição interessante *versus* gostosa, vejamos a lista das revistas *Playboy* mais vendidas de todos os tempos:

1ª: Feiticeira (Joana Prado); dez. 1999; 1.247.000 exemplares
2ª: Tiazinha (Suzana Alves); mar. 1999; 1.224.000
3ª: Adriane Galisteu; ago. 1995; 962.000

4ª: Scheila Carvalho; fev. 1998; 845.000
5ª: Sheila & Scheila; set. 1999; 838.000
6ª: Marisa Orth; ago. 1997; 836.000
7ª: Suzana Alves; mar. 2000; 829.000
8ª: Joana Prado; ago. 2000; 805.000
9ª: Carla Perez; out. 1996; 778.000
10ª: Sheila Mello; nov. 1998; 726.000

Queria levantar uma questão a partir desta lista: qual é o poder da *Playboy* para criar gostosas? A *Playboy* criaria gostosas que não eram consideradas gostosas publicamente antes de posar para a revista? Teríamos, então, legítimas gostosas de um lado e, de outro, gostosas inventadas? No primeiro caso, a *Playboy* só confirmaria a gostosice da gostosa. No outro, ela criaria uma nova gostosa. Seria então um poder enorme da *Playboy*: quem posa para a revista pode ser classificada de outra maneira no Brasil.

No entanto, parecem existir alguns impedimentos para posar para a *Playboy*: acredito que as mais facilmente seduzíveis pela *Playboy* são as mulheres que só têm o corpo como capital (as "uma gostosa") e que as mais difíceis são as que têm o corpo e algum outro capital, digamos, profissional: as atrizes, as modelos ligadas à moda etc. E existiriam as mulheres impossíveis (por exemplo, intelectuais famosas, políticas, escritoras, juízas etc.). Estas, mesmo que quisessem ser classificadas como gostosas, não poderiam posar para a *Playboy*.

Alexandre: Não sei se essa contraposição gostosa *versus* interessante me satisfaz muito. Para começar, acho meio moralista, no sentido de que a mulher gostosa seria uma mulher pior do que uma certa mulher mais intelectualizada. Mas adotemos o interessante como ficou colocado aí, passando-se por uma oposição entre corpo e uma certa noção de elevação, sublimação. A mulher interessante seria aquela capaz de despertar interesse independentemente do corpo, seria aquela que não precisa ser gostosa para despertar interesse. Se adotamos essa definição para falar de mulheres disputando um mercado imagético na esfera pública, a mulher adjetivada como gostosa terá de apresentar duas características:

1) Um conjunto de atributos físicos associados a um certo padrão de beleza consagrado e legitimado. É um modelo que, no Brasil, envolve curvatura de quadril, desenho e, um pouco, tamanho de bunda, proporcionalidade (e nem sempre tamanho, mas nos últimos tempos um pouco de tamanho) de seios, cabelos em geral longos, determinados tons de pele e alguns atrativos peculiares.

2) Um conjunto de formas simbólicas que se associam a um determinado grau de presença daqueles atributos físicos, sobretudo no que diz respeito a atitudes.

O que essas mulheres sem dúvida apresentam é uma exibição olímpica, quase performática, de seus atributos físicos de acordo com o padrão de beleza consagrado. Mulher gostosa teria de ter, por exemplo, prótese de silicone. Então ela vai lá, coloca não sei quantos mililitros e fala sobre isso na revista. É o que chama mais a atenção nessas mulheres. Mas, ao mesmo tempo, entra aquela coisa da legitimação por diferenciação. A Feiticeira é "uma gostosa", a Tiazinha também. *Idem* Sabrina Sato. Mas igualmente "uma gostosa" é uma dançarina comum do palco do Faustão, que ninguém sabe quem é e que por isso não sai na *Playboy*. O que entra *em jogo aí é que Tiazinha, Feiticeira e Sabrina* provaram na esfera pública que são legítimas como recebedoras do elogio, porque se diferenciaram, uma em relação à outra, inclusive. Não apenas pelos atributos físicos, mas também pelos atributos simbólicos (ser a mulher mascarada de odalisca do programa do Luciano Huck, ser a mascarada sadomasoquista do mesmo programa, ser a ex-BBB que faz graça no *Pânico na TV!* etc.). Uma mulher que tem atributos simbólicos relevantes se torna simbolicamente gostosa ao estar na *Playboy*, até porque ali é o lugar de legitimação do adjetivo. Estou totalmente de acordo: a *Playboy* muda o estatuto da mulher na esfera pública.

Mas, ao mesmo tempo, é preciso ter cuidado: quando dizemos que a *Playboy* cria gostosas, isso acontece apenas no sentido em que ela legitima (por diferenciação no Brasil e por singularização na França) o adjetivo. Mas a revista, acho, seria incapaz de inventar uma gostosa, quero dizer, pegar uma mulher não dotada de atributos físicos reconhecidos e fazer dela uma gostosa. Há limites para a atuação da *Playboy*.

Mirian: É interessante o que Luciano Huck, o criador das personagens Feiticeira e Tiazinha, disse sobre as duas, resumindo seu papel de gostosas, ou melhor, de "umas gostosas", ao fato de elas "viverem da bunda". Veja o trecho de uma matéria que cita a entrevista que ele deu à *Playboy*[31]: Entre as declarações, ele falou que, dependendo do cachê, não teria problema com a nudez de sua mulher nas páginas da revista masculina:

> A Angélica pode posar nua quando quiser, mas não acho que queira. A menos que vocês paguem muito bem. (...) Tiazinha e Feiticeira eram meninas normais. Sabiam que não iriam viver da bunda pra sempre. E eu não era o velho babão que estava ali para ficar com a gostosa.

Alexandre: O ranking que você apresentou acima deve ser visto com cuidado. Esse quadro aconteceu na década de 1990, uma era de explosão na mídia desse tipo de mulher esculturada e associada a uma ação erótica específica (as coreografias erotizadas do É o Tchan, as torturas promovidas pela Tiazinha ou pela Feiticeira no programa do Luciano Huck, a personagem da Divina Magda etc.). Na década anterior, o modelo era o das atrizes libertárias.

De todo modo, não nos esqueçamos de que essas vendagens astronômicas eram de uma era pré-internet ou pré-trocas de foto pela internet. Não é porque a revista de

---
[31] www.oglobo.com, 2/4/2008

papel não vende muito hoje que a mulher não mobiliza interesse. Sem dúvida, vende menos porque dá para ver as fotos de graça, mas ela, ao mesmo tempo, muitas vezes vende mais de uma revista (a *VIP*, que geralmente mostra a moça antes da *Playboy*),[32] além de atrair atenção para sites.

Desconfio que quem compra revista hoje é quem tem nostalgia do papel, quem quer guardar, quem não gosta de internet ou é levado pelo burburinho. Nesse sentido, acho que, hoje, pouquíssimas mulheres fariam vender muito a revista. Talvez a Ivete Sangalo, porque é uma personalidade que mobiliza o país inteiro e interessa a várias classes diferentes com o mesmo entusiasmo. Acredito até que ela seria legitimada por singularidade, independentemente do momento midiático, ou seja, sairia e venderia estando ou não na mídia. O efeito singularizante, assim como aconteceu com a Juliette Binoche, seria o próprio fato de a *Playboy* ter finalmente conseguido tirar a roupa dela.

---

[32] "O mercado nacional de revistas masculinas resiste ao assédio da internet e a cada ano ganha novas publicações, dos mais variados estilos. Tem espaço para desde *Gata da Hora*, do Grupo O Dia e voltada ao público de baixa renda (R$ 3,90), até *Men's Health* (R$ 9,99) e *VIP* (R$ 12,99), ambas da Editora Abril e voltadas aos homens de poder aquisitivo mais elevado. A média mensal de vendas das publicações masculinas atingiu 318,457 mil exemplares, de janeiro a setembro de 2007, volume 4,4% superior às vendas de igual período do ano anterior. A *Playboy* ocupa a primeira posição com 70,04% de participação de mercado, seguida por *Sexy* (14,59%), *Gata da Hora* (9,86%), *UM-Universo Masculino* (3,20%) e *Especial de Playboy* (2,31%), segundo o Instituto Verificador de Circulação (IVC)." *Gazeta Mercantil*, 11/1/2008.

Mirian: Em um debate em que participei, uma das palestrantes falou da diferença entre as brasileiras e francesas no consumo de produtos de beleza. Enquanto as francesas compram e usam maquiagem pesada, batons vermelhos vibrantes; as brasileiras preferem tudo o que faça com que elas pareçam naturais, naturalmente belas: batons cor da boca, base que faça com que elas pareçam naturalmente bronzeadas etc. Essa comparação me fez pensar nas diferenças entre brasileiras e francesas na *Playboy*. Enquanto as primeiras querem parecer naturalmente gostosas, as segundas querem ser marcadamente sexy. As brasileiras querem ser gostosas como se tivessem acabado de sair do banho ou tivessem nascido assim, naturalmente gostosas (apesar do enorme esforço, tempo e dinheiro que investem para parecerem naturais). As francesas exibem ostensivamente as marcas de sua sensualidade (no batom, no perfume, nos sapatos, nas roupas, nos acessórios). Não querem esconder o esforço que fazem para ser belas e sexy; ao contrário, exibem estas marcas. O curioso é que aqui, muito mais do que lá, as mulheres exibem suas plásticas, especialmente as próteses de silicone, sem nenhum tipo de vergonha. Mas querem que a maquiagem e mesmo as roupas as deixem com uma imagem natural. O que você acha desta idéia de naturalmente gostosa *versus* marcadamente sexy?

Alexandre: Acho uma demarcação bastante interessante. De um lado, as mulheres francesas buscam apresentar uma estética de beleza ostensivamente de intervenção: é uma beleza do acessório, da maquiagem claramente dramatúrgica, de um falseamento do corpo, de uma intervenção, digamos, "da cultura sobre a natureza". De outro lado, as mulheres brasileiras desejam apresentar uma estética de beleza "da natureza sobre a cultura", em que a operação de embelezamento deve soar invisível para que a mulher tenha sido bela desde sempre, para que ela tenha nascido bela, para que ela seja "o que Deus lhe deu", para que ela seja "naturalmente gostosa", como você disse. Parece-me que isso diz muito em termos das diferenças específicas entre brasileiros e franceses.

Talvez tenha algo a ver com o fato de que somos um país católico (ou seja, aqui, o o-que-Deus-deu é algo importante) e, além disso, um país quente, no qual mostrar o corpo é quase uma razão prática.

Mas essa coisa toda parece apontar mesmo é para uma tensão entre duas formas de protagonismo do corpo: um como suporte do espírito (a Juliette Binoche fala muito disso em sua entrevista) e outro como lugar da ação e, por conta disso, da significação.

Mirian: Uma coisa que me chama muita atenção é a recorrência da associação entre sexy e gostosa no discurso de brasileiras famosas. Muitas atrizes, modelos e cantoras usam as duas categorias para falarem de si. Por exemplo, a atriz Maria Paula, com a gravidez de sete meses estampada na capa da revista *Contigo*,[33] usando apenas um minúsculo

---

[33] *Contigo*, 2/4/2008.

short, disse que se acha sexy e gostosa. "Linda, sexy, você não viu minhas roupas? Todas curtas! Não estou nem aí. Estou me achando linda, sexy e gostosa. Maravilhosa! Tô me achando, não, eu tô mesmo [*risos*]!"

Por que será que elas precisam dizer sexy e gostosa? Não me parece apenas um pleonasmo, muito ao contrário. Sexy parece estar do lado do reconhecimento público, das marcações culturais, da explicitação de algo legítimo socialmente. Portanto, do lado da cultura. Já gostosa, um adjetivo sempre associado à comida, estaria do lado da natureza, do que é saboreado, degustado, sentido fisicamente. Essa associação entre mulher e comida, no Brasil, é mais do que conhecida, até por meio de expressões: "Comi fulana"; "Sicrana é comível"; "Aquela eu comia". Sexy parece estar do lado do sublime, do inatingível, do superior. Então, cultural. Já gostosa está do lado do palpável, verificável, comível. Portanto, natural.

Alexandre: Acho que sexy fica no plano da ação e gostosa no plano do corpo. Como você falou, não se trata de um pleonasmo, ou seja, quando se coloca sexy e gostosa está se dizendo não apenas que as duas coisas são diferentes, mas que se quer ser efetivo nos dois domínios. Assim, a "naturalidade" e a "civilidade" (para nos aproximarmos de uma leitura do Elias) parecem se juntar em um certo ideal de beleza e sedução: a mulher quer ser legitimada como nascida singular (e, nesse sentido, dotada desde sempre de competência no plano da performance sexual) e, ao mesmo tempo, como autoconstruída singular (e nesse sentido dotada de uma competência adquirida no plano das atrações). Ser sexy e gostosa, então, é ser uma mulher capaz de se singularizar como alguém capaz de dar prazer sexual e como alguém capaz de preencher de libido outras dimensões da vida, externas à relação sexual em si: é preciso ser sexy e gostosa no vestir, é preciso ser sexy e gostosa no comer (não só no ser comida, para usar a metáfora que você citou), é preciso ser sexy e gostosa ao ser mãe etc.

Gostosa, interessante ou... inesquecível?
O que quer uma mulher?

> **Brad Pitt:** "Angie é o amor da minha vida..."[34]
> Angie é a mulher da minha vida, a minha parceira. Tudo o que nos acontece vem desse núcleo que formamos. E nós somos como qualquer mãe e pai que precisam lidar com as responsabilidades e limitações de tempo de uma família grande. É claro, os garotos são bagunceiros. Mas eles são fantásticos, dizem as coisas mais divertidas que já ouvi. Hoje, o mais importante para nós é garantir tempo para eles, porque é nossa obrigação mostrar o mundo para nossos filhos, ajudar a educá-los. Precisamos estar disponíveis para nós também, mas a família vem primeiro.

---

[34] Revista *Gloss*, março de 2008. Por Harold von Kursk, de Toronto.

Mirian: A fala do Brad Pitt sobre a Angelina Jolie provocou minha reflexão sobre a mulher inesquecível.

Quando pergunto para os homens que pesquisei quem foi a mulher inesquecível em suas vidas, invariavelmente encontro como resposta: "X, ela mudou minha forma de ver o mundo"; "Y, ela me fez crescer"; "W, eu aprendi muito com ela" ou "Z, ela me tornou um outro homem".

Leila Diniz, como aparece nos depoimentos do meu livro *Toda mulher é meio Leila Diniz*, foi e é inesquecível porque fez com que os homens com quem namorou mudassem sua forma de ser e de lidar com as mulheres. Tornou-se inesquecível também para os amigos e amigas porque provocou uma verdadeira revolução em suas vidas. É só ler o que o cineasta Luiz Carlos Lacerda, o Bigode, fala da Leila e de como ele mudou e se tornou uma pessoa mais livre. O mesmo me disseram as três irmãs dela, seu irmão, suas primas, tias e outros.

Já ouvi esta máxima algumas vezes: o homem brasileiro quer ser o primeiro na vida de uma mulher. A brasileira quer ser a única na vida de um homem.

Ser a única, ser inesquecível, ser "a mulher da minha vida".

Vou aproveitar a deixa do Brad Pitt para pensar um pouco sobre a idéia de "a mulher da minha vida". Ser inesquecível para um único homem, para muitos ou para "todos os homens do mundo". Não me parece que a gostosa tenha este poder de ser "a mulher da minha vida", de transformar, de fazer o seu homem crescer, aprender, evoluir.

Os meus pesquisados gostam ou precisam dessa mulher. Assim, a mulher inesquecível instiga, provoca, desafia. Não é aquela que quer mudar o parceiro com suas reclamações, cobranças e exigências. Ela provoca transformações simplesmente por existir. O desafio não vem de mulheres que demandam muito, pois eles odeiam cobranças. Eles querem crescer por meio da convivência espontânea, da "imitação prestigiosa" e do prazer de ser o que ele acredita que encantaria a amada. Ele quer corresponder ao que será admirado ou reconhecido pela "mulher da minha vida". Para esse lugar, só pode existir uma mulher.

Não é ser gostosa ou ser chamada de gostosa pelo amado. Isso é pouco, muito pouco. Às vezes uma mera esmola para alguém que mendiga a aprovação masculina. Acho até que ser gostosa, nesse caso, não é muito importante. Outros capitais valem muito mais para se tornar inesquecível: a capacidade de ensinar algo, de mudar a visão de mundo, de introduzir a mundos novos, de conversar, compreender, ser carinhosa, atenciosa. O poder que ela tem decorre de ele sentir que se tornou alguém melhor do que era antes. Há uma ruptura com um passado em que ele era "outra pessoa": "Ela me fez ser uma pessoa melhor", "Ela me provoca e me faz crescer."

Ser gostosa, portanto, é um troféu importante na vida de uma mulher brasileira. Mas ser "a mulher da minha vida" é um troféu muito mais importante, como mostrei na reflexão sobre as mulheres de 50 a 60 anos em que inventei o conceito de "capital marital". Ter um homem que não pode viver sem você, em um mercado escasso de homens, é um capital muito mais valioso do que ter um corpo sexy.

O filme de Domingos de Oliveira *Todas as mulheres do mundo* representa esse desejo feminino. Paulo abre mão de todas as mulheres do mundo para escolher só uma: Maria Alice/Leila Diniz. Ela é "a mulher da minha vida". Não é à toa que se tornou um mito.

Qualquer homem conhece esse desejo feminino. É só abrir a revista *Caras* e ler os depoimentos de mulheres famosas sobre os seus namorados e maridos com "os olhos brilhando": "Ele me faz sentir que eu sou a mulher mais especial do mundo." É isso também o que dizem as "Outras" que pesquisei para justificar seus papéis de amantes de homens casados: "Eu sou a única, a número um, a especial, a verdadeira. Ele só está com a esposa por obrigação."

Interessante que o Brad Pitt ressalta: "Ela é minha parceira em tudo." Também encontro essa idéia entre os meus pesquisados: ser companheira é muito mais importante do que ser sexy e gostosa. A amizade, a compreensão, o carinho e os projetos em comum são muito importantes para ser "a mulher da minha vida".

Há uma característica fundamental para ser "a mulher da minha vida": ela tem de provocar a admiração do parceiro. Ela precisa ser admirada, muito mais do que desejada.

"Você é a mulher que eu mais admiro neste mundo", disse o marido de Mônica, no meu livro *Infiel*. "Eu sempre te amei, te amo e vou te amar, sempre", ele também disse.

É essa admiração, o reconhecimento de que ela é alguém superior em algum nível (intelectual, profissional, ético), que faz com que ele possa evoluir ao lado dela. Ela tem algo que ele não tem e quer muito ter. No caso da Angelina Jolie, talvez o fato de ela ser vista, pelo Brad Pitt e pelo mundo, como uma mulher generosa, uma militante ativa, uma mãe maravilhosa.

Uma idéia recorrente aparece no discurso dos meus pesquisados sobre a mulher inesquecível de suas vidas: "Ela me ensinou a ser alguém que eu sempre quis ser", que se traduz em diferentes âmbitos: "Ela me fez estudar o que sempre quis estudar, mas achava que não tinha capacidade"; "Ela me fez investir profissionalmente"; "Ela mudou meu modo de vestir"; "Ela me ensinou filosofia"; "Se hoje estou fazendo doutorado, é em função dela, eu nunca conseguiria sozinho"... São apenas alguns dos depoimentos dos meus pesquisados.

Alexandre: Sem dúvida que ser gostosa não é suficiente. Tenho a convicção de que no plano das relações o que está em jogo são elementos específicos de criação de algo que chamo de familiaridade, ou seja, de algo que crie: 1) previsibilidade (a idéia de que o outro age sempre de determinada maneira, que podemos confiar nele totalmente); 2) inevitabilidade (a idéia de que o outro é alguém que faz parte de nós, que nos é inevitável, que sempre estará ali e para quem sempre estaremos); 3) intimidade (a idéia de que o outro é totalmente acessível, alguém em relação a quem temos poucas limitações em termos de ações e, ao mesmo tempo, alguém de quem sabemos os segredos e que sabe de nossos segredos).

Por isso, por uma combinação desses três elementos, as pessoas entram no plano do familiar e, em circunstâncias peculiares, no do inesquecível. No fundo, acho que tudo isso envolve a criação de uma "gramática da vida em comum" ou de uma "gramática em comum da vida", ou seja, uma força de coordenação das ações de um com o outro. E isso se dá com a criação de um outro único. O outro tem de ser singular para que a vida em comum seja legitimada. E essa singularidade terá uma história em cada relação e poderá envolver inúmeros fatores, marcadamente a participação determinante do outro em nossa biografia.

Como disse antes, acho que são dois planos bastante distintos. Falar da *Playboy* e falar dos relacionamentos é falar de dois lugares, dois campos, dois regimes diferentes, que até se influenciam mutuamente, mas que têm objetivos, objetos, significações e fenomenologias distintos. Um corresponde a uma economia imagética e outro a uma economia da afetividade. O cara não vai namorar ou casar com a Juliette Binoche porque ela saiu na *Playboy*. Alguém que tem acesso (como o Benoît Magimel, que teve dois filhos com ela) a ela vai fazê-lo porque estabeleceu uma relação específica de familiaridade e porque encontrou nela um tipo de unicidade específico, aquele que faz dela única em um regime de amor. Nesse segundo plano, a mulher da *Playboy*, por mais legitimada que seja como gostosa, não é senão uma mulher "de papel". Por mais que ela seja de "carne e osso", não será "de corpo e alma". Daí essa imagem da mulher inesquecível ser boa para se referir a alguém de nossa ordem de relações privadas: a mulher legitimada por um regime de singularidade ou mesmo por um de amor é única para sempre, diferentemente da mulher diferenciada na esfera pública, que será única em um determinado momento.

Mirian: Acho que os conflitos, as disputas, as insatisfações entre os casais passam por esse desejo ou fantasia de ser inesquecível. Quando a mulher reclama atenção, presença, companheirismo, ela está pedindo, implorando, mendigando para que ele reconheça a sua importância e o seu valor. Volto, então, para a questão do reconhecimento. "Ele reconhece o meu valor fazendo tudo e largando tudo e todas por mim. Não sou como as outras. Sou diferente, especial, única, insubstituível, inesquecível."

Daí ser boa a idéia do Brangelina. Cria-se uma nova identidade depois da descoberta da "mulher da minha vida".

"Eu sou um novo eu depois dela, por causa dela. Não posso me esquecer dela, pois ela agora faz parte do novo eu que eu sou. Ela alterou, mudou minha personalidade, minha identidade. Cresci, evolui, aprendi, amadureci."

Ele é um aprendiz; ela uma mestra. É um poder absoluto e invencível. É um tipo de mulher que leva à perfeição.

Acho que isso tudo também tem a ver com o desejo de estar na *Playboy*. O desejo de ser fora do comum, diferente de todas as outras: a mulher inesquecível. No caso da Juliette Binoche mais ainda, pois ela quer operar nas duas dimensões: a do corpo e a da alma. "Ela nunca foi uma mulher como as outras", diz o texto de apresentação do ensaio. Ela é diferente, é singular, é única... "para sempre"! Ela é diferente das outras, do vulgar, do banal. Ela quer mudar o mundo, ensinar, fazer os outros evoluírem, crescerem, avançarem. Retomo aqui a introdução da entrevista com ela, destacando os pontos que reforçam o meu argumento:

> Juliette Binoche nunca foi uma mulher como as outras. Nem uma atriz como as outras. (...) Ainda assim, nada predestinava Juliette a esse destino fora do comum. (...) Mais o tempo passa, mais sua beleza interior se irradia. O tempo, suspenso, a insustentável leveza de Juliette, se freqüentemente atua sobre a tela, aqui está paralisado. Para sempre.

E por que as mulheres desejam ser inesquecíveis?

Talvez aqui, no desejo de ser única, esteja presente o desejo de ser imortal. Acredito que escondido no desejo de ser inesquecível está evidente o medo da morte física ou simbólica. O medo de ser esquecida, ignorada, de virar um grande nada. Viver para sempre na memória e lembrança de cada homem que acha que sou "a mulher da minha vida" me protege da morte. Torno-me imortal ao ser amada de uma forma única, ao conquistar o lugar de "a mulher da minha vida".

Ser interessante não basta para ser inesquecível. Ser sexy e gostosa muito menos. Ter carisma também não, mas parece ser algo importante para ser inesquecível, pelo menos no caso de Leila Diniz, que se tornou "Leila para sempre Diniz", no poema de Drummond.

É algo que deve marcar a ferro e fogo a vida de alguém, um lugar que não será ameaçado por mais ninguém. Não existe "elas três são as mulheres da minha vida". É um lugar para uma única mulher, "para sempre".

O que quer uma mulher? Ser gostosa, interessante, inesquecível ou... imortal?

(In)Fidelidade paradoxal: a fidelidade como valor no casamento contemporâneo

Em 2007, o Datafolha[35] realizou uma pesquisa com 2.093 entrevistados, em 211 municípios brasileiros. Para a pergunta "O que é mais importante no casamento?", os pesquisados responderam: fidelidade (38%), amor (35%), honestidade (15%), filhos (5%), vida sexual satisfatória (2%) e dinheiro (2%).

Quatro em cada dez mulheres votaram na fidelidade como o item mais importante para um casamento feliz. Os homens também elegeram a fidelidade como o elemento mais importante para a felicidade do casamento (37%).

Em uma pesquisa com a mesma temática, realizada pelo Datafolha em 1998, 23% dos pesquisados declararam que a fidelidade era o fator mais importante para o casamento feliz, uma porcentagem bastante inferior à de 2007. Em

---

[35] *Folha de S. Paulo*. "Família brasileira", 7/10/2007.

1998, o amor foi apontado em primeiro lugar como o mais importante (41%), seguido da honestidade (24%). Este dado revela que a fidelidade, com o passar dos anos, tornou-se um valor ainda mais importante para os casais brasileiros.

Para a questão "O que é mais prejudicial a um casamento?", a resposta foi ainda mais categórica: 53% dos pesquisados disseram traição, seguida de falta de amor (15%), ciúmes (11%), incompatibilidade de gênios (5%), desemprego (4%), dificuldades financeiras (3%), brigas com a família do companheiro (3%), vida sexual insatisfatória (1%), um dos parceiros gastar demais (1%) e não ter filhos (1%).

Os dados do Datafolha comprovam o que tenho encontrado em minhas pesquisas qualitativas e quantitativas realizadas nos últimos vinte anos: a fidelidade é um valor fundamental para os casais contemporâneos. Nos mais diferentes tipos de arranjos conjugais, inclusive na relação entre o homem casado e a sua amante, inclusive na relação dos casais praticantes de swing, a fidelidade é um valor básico. Ao analisar os dados da pesquisa, a *Folha* revela a idealização da fidelidade que encontrei entre os meus pesquisados, como mostra o trecho a seguir:

> Em seu livro *Infiel*, a antropóloga Mirian Goldenberg, professora do Departamento de Antropologia Cultural da Universidade Federal do Rio de Janeiro e também autora do livro *A Outra* nota que "a idealização da fidelidade permanece fortíssima, inclusive nas relações extraconjugais". Ela exemplifica: "As Outras acreditam que seus parceiros não têm relações sexuais com as esposas.

Os homens casados acreditam que as amantes lhes são fiéis sexualmente. Não só no casamento, mas também no adultério, a fidelidade é um valor."

Uma entrevista com a advogada Priscila Corrêa da Fonseca, na mesma matéria, mostra que o motivo mais freqüente para a separação é a traição, seguida de problemas financeiros e agressões físicas e verbais. Ela diz que quem trai mais é o homem e que a iniciativa da separação, por isso, é quase sempre da mulher, que tolera menos a traição.

> A mulher trai menos, é verdade. Mas, mesmo quando ela trai, os homens preferem fazer vista grossa. Contrariamente ao esperado, o homem não se preocupa muito em se separar quando sabe que foi traído. Em geral, se ele puder manter a rotina, o *status quo* de casado, prefere manter. Essa é uma constatação muito, muito freqüente no escritório.

Nas minhas pesquisas, encontrei nos depoimentos masculinos a mesma idéia apresentada pela advogada: os homens traídos "preferem fazer vista grossa". Criei, então, a partir da observação desse tipo de comportamento — uma espécie de cegueira voluntária, consciente e deliberada —, a idéia de "(in)fidelidade paradoxal".

Qual é o paradoxo da (in)fidelidade que aparece entre os meus pesquisados?

Em primeiro lugar, o valor da fidelidade, mesmo quando os indivíduos são efetivamente infiéis. Pode-se pensar que é justamente porque os indivíduos são, em grande parte, infiéis que a fidelidade é um valor.

Em segundo lugar, a fidelidade pode ser vista como uma ilusão. Mesmo sabendo que é muito provável que o parceiro seja ou tenha sido infiel, deseja-se acreditar que ele é fiel. Os pesquisados parecem querer a ilusão da fidelidade muito mais do que a própria fidelidade. Esta idéia apareceu em alguns depoimentos masculinos:

> Mesmo que racionalmente eu saiba que ela pode transar com outros homens, não quero saber. Prefiro acreditar que ela sempre foi e sempre será fiel. Não quero saber, não fico buscando provas de traição. Ao contrário, prefiro não ficar procurando, pois, se procurar, vou, com certeza, acabar achando. E aí vou ter de tomar uma decisão. Não importa se é verdade ou não, o importante é que eu acredite que ela é fiel. Lógico que ela tem toda a liberdade de não ser. Só não quero que a suspeita atrapalhe a nossa relação. Nesse caso, acredito muito naquele dito popular: é muito mais importante parecer ser uma mulher direita do que ser. No meu caso, o fato de ela parecer fiel já me deixa tranqüilo. O que não quer dizer que ela é.

> Minha mulher me contou que teve um caso. Eu preferia mil vezes não saber. Não sei por que ela me contou. Na verdade, acho que foi para eu me sentir culpado. Há alguns meses eu não estou transando com ela, não dou muita atenção. Estou cheio de problemas no trabalho, problemas de saúde, no meio de uma crise pessoal enorme. Ela disse que teve um caso porque não se sentia mais desejada por mim, o que não é verdade. Eu desejo e amo

muito a minha mulher. Só não estou conseguindo transar. Ela acha que tenho uma amante. Não tenho, mas ela não acredita. Acha impossível um homem ficar dois ou três meses sem querer transar. Depois dizem que nós é que somos machistas.

Essa mesma idéia, de (in)fidelidade paradoxal, pode ser encontrada na crônica de Danuza Leão, com o título "Não me contem":[36]

> Houve um tempo em que traição era crime, e quem traía perdia o direito até aos filhos, e nesses tempos remotos a traição se chamava adultério. As coisas mudaram, mas eu acho que a traição continua sendo crime — e hediondo. Devo ter sido traída várias vezes — afinal, quem não foi? —, mas dei a sorte de nunca ter tido a certeza. Houve um tempo em que os homens negavam tudo. "Pela minha alma", eles diziam, ou "pela alma de minha mãe", pobre mãe. Depois veio a onda do modernismo, em que as mulheres até compreendiam uma traição, mas eles tinham de contar: era a época da sinceridade acima de tudo. Pois eu espero que o homem que me trair tenha a delicadeza de negar sempre. Não me interessa que ele seja sincero e verdadeiro; quero achar que ele nunca me traiu, e para isso ele pode (e deve) mentir descaradamente, dizer que estou pirada, que caia um raio em sua cabeça se estiver mentindo. Como nenhum raio vai cair mesmo, ele pode falar à vontade; eu vou acreditar em tudo e ficar bem feliz. Um dia eu li num jornal que um casal francês bem idoso estava sentado num banco do jardim de Lu-

---
[36] Conversa com Danuza. Revista *Cláudia*, 1/7/2005.

> xembourg, em Paris, conversando, quando ela perguntou se ele tinha ou não tido um caso com uma tal fulana, cinqüenta anos atrás. Afinal, tanto tempo já havia passado, ele podia dizer. O marido confessou, e a velhinha deu-lhe uma dentada na orelha tão violenta que ele foi parar no hospital. Trair, ainda vai, mas confessar, jamais.

O importante é acreditar na fidelidade, muito mais do que ser efetivamente fiel. Nesse sentido, o depoimento de um dos meus pesquisados é exemplar para se compreender o paradoxo da infidelidade: o cafajeste, o homem que é mestre em ser infiel, pode ser considerado "o homem mais fiel do mundo", porque sabe representar muito bem o papel de homem fiel com diferentes mulheres (e não apenas com uma).

> Sabe qual é o maior paradoxo? O cafajeste é o cara mais fiel do mundo. Ele é o único que faz com que as mulheres se sintam únicas. Cada mulher com quem ele se relaciona se sente especial na vida dele. E é isso o que uma mulher quer ser: especial, única, ou melhor, ela quer acreditar que é a única. O cafajeste é o único cara que consegue transar com dez mulheres e fazer com que cada uma das dez se sinta a única na vida dele. Não é isso o que as mulheres querem? Serem únicas? Então o cafajeste é o cara mais fiel do mundo. É o único que faz com que dez mulheres acreditem que ele é fiel e que elas todas são únicas. Moral da história: é melhor ser cafajeste do que um cara fiel, porque elas acreditam mais no cafajeste do que em nós. Não é um paradoxo maluco?

(In)Fidelidade e modelos de masculinidade

Os homens que pesquisei se classificaram como monogâmicos ou poligâmicos. Para os que se pensam como poligâmicos, a infidelidade é decorrente de uma necessidade interior, de uma natureza masculina, e não está relacionada a nenhum problema com o casamento ou com a esposa. Para os que se disseram monogâmicos, a infidelidade é percebida como um sintoma de que o casamento está em crise. Para os monogâmicos, a traição é considerada uma patologia, uma doença, um problema gravíssimo e inaceitável. A crise, apontada por eles como única justificativa para uma traição, pode ser do casamento ou pessoal. De qualquer forma, deve ser superada para o casamento sobreviver ou se dissolver.

Os monogâmicos defendem um relacionamento afetivo-sexual pleno com uma única mulher, que reúna amor, desejo, amizade, companheirismo, prazer. Os poligâmicos acreditam que o natural é que, apesar de um bom relacionamento com a esposa, surja o interesse por outras mulheres. Para estes, o relacionamento extraconjugal é visto como uma experiência estimulante e até saudável, pois ajuda a manter o casamento vivo. Eles não acreditam em satisfação com uma única mulher. Dizem que amam e desejam suas esposas, mas não podem abrir mão de se aventurar por novas e necessárias emoções. Dizem que se fossem fiéis, além de traírem a si mesmos, estariam destruindo o próprio casamento, pois culpariam as esposas por estarem cerceando seus instintos mais naturais.

Os poligâmicos diferenciam as transas eventuais, algo sem importância e de curta duração, dos casos mais longos e com maior envolvimento emocional. As transas não são consideradas infidelidades, uma vez que não ameaçam o casamento. Podem ser sucessivas ou esporádicas. O que interessa é que elas são apenas sexuais, sem outro tipo de envolvimento emocional. Os casos são mais perigosos. Mesmo quando começam apenas como uma aventura sexual, podem se tornar importantes afetivamente. São mais intensos e podem se transformar em paixão, provocando um descontrole que pode destruir o casamento. Primeiro, porque a esposa pode desconfiar ou descobrir a existência de outra mulher pela mudança de comportamento do marido. Segundo, porque ele mesmo pode desejar se separar da esposa para se entregar plenamente à nova paixão. Portanto, os poligâmicos preferem as transas esporádicas aos casos prolongados. Pelo menos teoricamente. Na prática, eles relatam experiências dos dois tipos.

Alguns homens afirmaram ser monogâmicos não em função do amor que sentem por suas esposas, mas em função do que poderíamos chamar de razões práticas, como mostra o seguinte depoimento:

> Não consigo nem imaginar como tem homem que consegue ter duas mulheres ao mesmo tempo. Os meus amigos que têm ou-

tra sofrem, passam mal, vivem se escondendo, vivem mentindo. É como se estivessem comendo escondido ou tendo um prazer escondido, que não podem contar para ninguém. Agem como criminosos. Deve ser uma loucura para a cabeça do cara administrar o tempo, mentir, enganar, ficar correndo de um lado para o outro. Eu não tenho a menor vocação para esse tipo de vida. Trair dá muito trabalho. É muito estresse. Não quero confusão, mentir, me esconder, ter medo de ser descoberto, cair em contradição. É a maior paranóia. E ainda agüentar a desconfiança e cobrança de duas mulheres. Não vejo muita vantagem. Qual é a graça? Prefiro ficar só com uma e não ter confusão. Aliás, já basta a cobrança de uma. Já é muito!

É importante assinalar que o fato de os pesquisados se classificarem como monogâmicos não significa que eles tenham sido fiéis às suas esposas. Dos sete entrevistados que se definiram como monogâmicos, apenas dois nunca tiveram relacionamentos extraconjugais. Os monogâmicos infiéis buscam justificar a própria infidelidade com razões que se encontram fora de seu controle. Os motivos apontados por eles são: o intenso assédio das mulheres, crise pessoal, problemas no casamento, necessidade de auto-afirmação, imaturidade, carência, fragilidade, vaidade.

> O único caso que eu tive no meu casamento foi iniciativa de uma aluna minha. Eu não estava muito a fim, mas ela insistiu muito e eu me deixei envolver. Era um momento em que eu estava numa crise pessoal muito grande, foi uma coisa de auto-afirmação, de carência. Depois disso, eu já disse vários não a outras mulheres.

> Eu sou naturalmente fiel, não tenho nenhuma inclinação para transar fora do casamento. Isso só ocorreu quando eu estava em vias de me separar. Eu sempre fui uma pessoa completamente monogâmica até que desisti de investir no meu casamento, decidi que queria me separar. Aí me coloquei disponível para encontrar uma outra pessoa. Pintaram alguns casos até que encontrei a mulher com quem estou agora.

Nenhum monogâmico apontou o desejo por outra mulher ou a necessidade de aventura como motivo para a infidelidade. Os monogâmicos infiéis disseram que sofreram muito e se arrependeram da traição, que, acreditam, não se repetirá no casamento ou em outra relação. A infidelidade não é uma situação desejada, mas um acidente de percurso que deve ser corrigido: com o rompimento ou com a reestruturação do casamento.

É interessante observar a troca de acusações entre monogâmicos e poligâmicos. Para os monogâmicos, o homem infiel é frágil, carente, imaturo, infantil, covarde, burguês. Acham que os homens traem porque se submetem a uma cultura que valoriza a imagem do homem infiel. Os monogâmicos falam de uma natureza masculina mais propensa à infidelidade, mas acreditam que ela deve ser controlada racionalmente em função de algo muito mais importante: o compromisso. Para os pesquisados que se dizem monogâmicos, a fidelidade é percebida como uma necessidade amorosa e a infidelidade como um sintoma de que o casamento enfrenta problemas. A exclusividade sexual é vista como necessária ao casal e um desejo natural de quem ama e quer preservar a relação.

> Se acontecer um relacionamento extraconjugal, é um sintoma. Por que aconteceu isso? O que isso revela do casamento? Caiu na monotonia? Então tem de conversar muito para ver as decisões que devem ser tomadas. Ou separa ou tenta recuperar o fogo primitivo. Se eu sentisse desejo de transar com outra mulher, antes disso eu ia tentar conversar com a minha esposa e tentar ver o que está acontecendo entre nós. O que seria extremamente prejudicial é esconder, enganar, empurrar com a barriga.

Os pesquisados que são fiéis às suas esposas se percebem como desviantes, já que acreditam que a maior parte de seus amigos é infiel. Também se sentem distantes do padrão hegemônico de masculinidade por terem um comportamento sexual fora da média. Chama a atenção o papel dos amigos nos discursos dos pesquisados. Aparece com clareza uma comparação — ou competição — do próprio comportamento sexual com o dos amigos. A proximidade do modelo de masculinidade — já que são os amigos que são infiéis ou têm muitas parceiras sexuais, e não os homens, em abstrato — torna a pressão para se ter um comportamento dentro da média ainda maior.

Um dos pesquisados que se declarou monogâmico disse: "Quero que minha esposa seja a minha Outra." Com essa frase ele revelou o desejo de romper com a dualidade: mulher da casa/mulher da rua, mulher das obrigações/mulher do prazer, esposa/puta, rotina/aventura, amor/sexo, buscando reunir em uma única mulher características percebidas como antagônicas.

> Eu quero que minha esposa seja a minha Outra. Não quero ter uma amante, não quero precisar ter uma amante. Quero continuar com tesão pela minha mulher, como tenho, mesmo ela envelhecendo, gordinha, com celulite. Ela é minha companheira de papos, cinemas, viagens, restaurantes. Gosto de nossas brigas e reconciliações, de nossas diferenças. Gosto do seu corpo, do seu cheiro, do seu gozo. Não quero ter Outra, não quero mentir, não quero trair a minha melhor amiga.

Amor, amizade ou paixão?

Meus pesquisados apontaram três tipos de sentimentos possíveis em um casamento: o amor, a paixão e a amizade. O amor aparece como um sentimento amplo e difuso. Está quase sempre referido, comparativamente, à paixão, que é um sentimento inicial e provisório, que necessariamente se transforma em amor ou, mais comumente, acaba. Para os pesquisadores, é impossível viver em um estado de paixão por dois motivos: porque ela não resiste ao cotidiano e também porque é insuportável a irracionalidade que é inerente à paixão. Assim, para eles, a paixão, quando não acaba como fogo de palha, se transforma em algo mais tranqüilo: o amor — que, para durar, deve conter resíduos da paixão inicial ou corre o risco de se transformar em outro tipo de sentimento: a amizade.

O casamento deve conter, então, uma combinação destes três sentimentos: uma grande dose de amor, com algumas pitadas de paixão e de amizade. Mas deve-se evitar o risco de desequilibrar essas porções, já que uma dose maior de amizade poderia transformar a relação dos cônjuges em uma relação de irmãos, deserotizada. Portanto, na hierarquia dos pesquisados, o pólo mais valorizado é o do amor, e o menos é o da amizade, e a paixão evita que o primeiro se transforme no segundo.

Apesar de amor ser considerado o sentimento mais fundamental para a manutenção do casamento, ele é o mais difícil de ser definido. Ele se encontra entre a paixão e a amizade, é menos explosivo do que a primeira, mas menos morno do que a segunda. É mais seguro do que a paixão, mas menos garantido do que a amizade. Se a paixão é insuportável pela sua imprevisibilidade e loucura, a amizade é perigosa pela sua racionalidade e rotina. Um equilíbrio complicado é necessário para que uma e outra estejam presentes, mas não englobem o amor.

A paixão é associada ao excesso de sexo. A amizade está associada à falta de sexo. O amor exige o sexo, mas não aquele tipo de sexo que domina o indivíduo apaixonado. O sexo é algo que pode e deve ser administrado, deve ser freqüente e agradável, mas, no entanto, mais controlável do que na paixão. O casal deve estar atento para não deixar o sexo cair na monotonia e se tornar burocrático, perigo que ameaça as relações duradouras. Perigo que traz à tona o fantasma da infidelidade.

A idéia de que é possível administrar racionalmente esses três sentimentos apareceu entre os pesquisados. A paixão, o mais irracional dos três, deve ser domada, domesticada, mas não pode ser excluída do casamento. A insegurança, uma dose controlada dela, a incerteza sobre a posse do outro, é considerada necessária para o desejo sexual sobreviver no casamento. Assim, a infidelidade deixa de ser uma ameaça ao casamento.

Essa matemática complicada torna os casais reféns de lógicas diversas e, muitas vezes, contraditórias. Os pesquisados apontam como perigos de um casamento a rotina, o cotidiano, a burocratização, a mesmice, a certeza de possuir o outro, a segurança que leva à morte do desejo. Mas também revelam o medo da infidelidade, o problema do ciúme e da insegurança, a necessidade de possuir o ser amado, de ter certeza de que se é amado por quem se ama.

Segundo os pesquisados, o desejo sexual se alimenta da falta, da ausência, da conquista. A segurança é a morte do desejo. Não se deseja o que se tem, mas o que não se tem. Como conciliar a estabilidade de um casamento e o desejo sexual? Eis a questão.

Simone de Beauvoir, em *O segundo sexo*,[37] afirmou que a própria estrutura do casamento é que impede o encontro

---
[37] BEAUVOIR, Simone. *O segundo sexo*. Rio de Janeiro: Nova Fronteira, 1980.

plenamente amoroso entre um homem e uma mulher. Ela não acreditava ser possível reunir amor, desejo sexual e amizade em um só indivíduo.

Numerosos matizes são possíveis nas relações de um homem com uma mulher: na camaradagem, no prazer, na confiança, na ternura, na cumplicidade, no amor, podem ser um para o outro a mais fecunda fonte de alegria, de riqueza, de força que se propõe um ser humano. Não são os indivíduos os responsáveis pelo malogro do casamento: é a própria instituição, desde a origem, pervertida. Declarar que um homem e uma mulher devem bastar-se de todas as maneiras ao mesmo tempo durante toda a vida é uma monstruosidade que engendra necessariamente hipocrisia, mentira, hostilidade, infelicidade.

Nas cartas ao seu amante,[38] Nelson Algren, Simone de Beauvoir diz que sua ligação com Jean-Paul Sartre exclui o sexo, que é fundamentalmente uma relação de "alma". Com Nelson Algren, ela diz, é "alma e corpo". Compara, então, com a relação que viveu com "o jovem e belo Bost", que era apenas "corpo". Assim, distingue três tipos de relação: a que é baseada na amizade, a que é limitada ao sexo e, por último, a que significa o amor verdadeiro, pois reúne amizade e desejo sexual. No entanto, como todos sabem, Simone de Beauvoir optou por seu "amor necessário" com

---
[38] BEAUVOIR, Simone. *Cartas a Nelson Algren*. Rio de Janeiro: Nova Fronteira, 2000.

Jean-Paul Sartre, abrindo mão, muitas vezes, de seus "amores contingentes".

O mito do amor romântico, da completude amorosa, sexual e afetiva, está muito presente entre os meus pesquisados. Acredito que nos arranjos conjugais contemporâneos, em que a família e os filhos deixaram de ser o centro, o casal se tornou um poço sem fundo de demandas e conflitos sem soluções, em que o fantasma da infidelidade está sempre presente e sendo evitado por meio de estratégias, conscientes ou inconscientes. É possível afirmar, então, que a fidelidade, longe de ser um problema das relações tradicionais, é uma questão mais do que presente e um valor, talvez o mais importante valor nos casamentos atuais, como revelam os dados da minha pesquisa e do Datafolha.

A fidelidade como valor entre os praticantes de swing

Olivia von der Weid[39] entrevistou dez casais adeptos da prática de swing. Alguns depoimentos são muito interessantes para mostrar como a fidelidade é um valor fundamental para o grupo pesquisado.

Um dos adeptos da prática afirmou que "o swing é o adultério consentido". Nessa idéia, de acordo com a autora, parece estar a chave para a compreensão do que é infideli-

---

[39] VON DER WEID, Olivia. "Troca de casais: gênero e sexualidade nos novos arranjos conjugais". In: *O corpo como capital*. São Paulo: Estação das Letras e Cores, 2007.

dade para esse grupo de pessoas. A permissão para o parceiro se relacionar sexualmente com outra pessoa, desde a escolha desta até a forma como a relação vai acontecer, faz parte de um acordo implícito ou explícito. Para os entrevistados, com consentimento, tudo é permitido. Ser infiel, para eles, é quebrar o acordo existente, é mentir ou esconder algo do parceiro. Para uma de suas entrevistadas, "a partir do momento que você esteja fazendo uma coisa que o outro não está de acordo, é traição". Outra disse que ser infiel é "se relacionar com outra pessoa sem o seu parceiro saber". Para elas, a traição ocorre quando a relação envolve algo além do sexo casual, quando é "sexo com sentimento". Segundo uma entrevistada: "Eu estou assistindo a meu marido com outra mulher, mas ele não está me traindo, porque eu estou assistindo e eu estou consentindo. Ele ali está fazendo sexo com ela, não está fazendo amor. Comigo ele faz amor, com ela ele faz sexo." Um entrevistado disse que: "No swing não tem sentimento. Infidelidade é quando rola sentimento, amor." Revelar tudo ao outro — o que aconteceu durante uma transa, as fantasias sexuais, a cantada que se levou na rua — mostra-se essencial para o casal praticante de swing, uma forma de tornar a união ainda mais forte.

> Para a gente, se houver uma traição, é o fim do casamento. Se eu descobrir que ele me traiu com uma outra mulher, por mais que eu o ame, acabou. Porque ele não precisa. Então, se ele procura

uma outra pessoa, ele não está procurando pelo sexo, ele está procurando um lado afetivo.

O suingueiro não trai, a traição entre suingueiro é pior do que entre casal que não faz swing. Porque o casal que não faz swing tem a desculpa, o álibi, de que não tem liberdade, nós não.

A prática do swing, segundo Olivia von der Weid, pode ser pensada como uma alternativa adotada pelos casais para se prevenirem contra a traição, um antídoto contra a infidelidade sexual. Ao controlar a sexualidade do parceiro, ao permitir ou dar o consentimento para que ele mantenha relações sexuais com outras pessoas, o casal acredita estar se protegendo da tão indesejada infidelidade.

Eu já fui muito traída em outros relacionamentos. A principal razão da minha separação do primeiro casamento é que eu peguei o meu marido na cama com outra mulher e hoje eu assisto a meu marido na cama com outra mulher e não me incomodo.

Porque se eu quisesse ter relação paralela eu não fazia swing, eu fazia como na minha relação anterior, que eu não fazia swing e tinha mulheres na rua, tinha amantes.

Um slogan encontrado em um blog de um casal adepto do swing sintetiza a análise da autora: *no traição, yes swing*.

(In)Fidelidade paradoxal: uma questão de discurso ou de comportamento?

Quando perguntei, na minha pesquisa quantitativa, "Quais os principais problemas que você vive ou viveu em seus relacionamentos amorosos?", percebi semelhanças e diferenças nos discursos femininos e masculinos. De semelhante, deve-se destacar que entre os três principais problemas apontados por homens e mulheres, dois são comuns: ciúme e infidelidade. No entanto, a principal queixa masculina foi, basicamente, a falta de compreensão. Já as mulheres responderam ciúme, infidelidade, egoísmo, incompatibilidade de gênios, falta de segurança, falta de confiança, falta de sinceridade, falta de diálogo, falta de liberdade, falta de paciência, falta de atenção, falta de companheirismo, falta de maturidade, falta de amor, falta de carinho, falta de tempo, falta de tesão, falta de respeito, falta de individualidade, falta de dinheiro, falta de interesse, falta de reciprocidade, falta de sensibilidade, falta de romance, falta de intensidade, falta de responsabilidade, falta de pontualidade, falta de cumplicidade, falta de igualdade, falta de organização, falta de amizade, falta de alegria, falta de paixão, falta de comunicação, falta de conversa etc. Algumas ainda afirmaram que falta tudo. Enquanto os homens foram extremamente objetivos e econômicos em suas respostas, algumas mulheres chegaram a anexar e grampear folhas ao questionário para acrescentar mais e mais faltas.

Outro dado interessante é o diferente posicionamento de homens e mulheres no que diz respeito à traição. Os homens se justificam por terem uma natureza, uma essência propensa à infidelidade. Já as mulheres responsabilizam seus maridos ou namorados por elas serem infiéis. Homens dizem trair por instinto, atração física, vontade, tesão, oportunidade, aconteceu, galinhagem, testicocefalia, "é da natureza masculina". Já nas respostas femininas encontrei insatisfação com o parceiro, falta de amor, para levantar a auto-estima, vingança, além de um número significativo de mulheres que traem porque não se sentem mais desejadas pelos parceiros.

Apesar de muitos comportamentos masculinos e femininos não estarem mais tão distantes, inclusive no que diz respeito à traição — como mostram os dados da minha pesquisa, em que 60% dos homens e 47% das mulheres afirmam já terem sido infiéis —, os discursos femininos e masculinos são extremamente diferentes.

Pode-se notar que os homens justificam suas traições por meio de uma suposta essência ou instinto masculino. Já as mulheres infiéis dizem que seus parceiros, com suas faltas e galinhagens, são os verdadeiros responsáveis por suas relações extraconjugais. No discurso dos pesquisados, a culpa da traição é sempre do homem: seja por sua natureza incontrolável, seja por seus inúmeros defeitos (e faltas) no que diz respeito ao relacionamento. Se é inquestionável que, nas últimas décadas, houve uma revolução nas relações conjugais, pode-se verificar que, na questão da infidelidade, ainda parece existir um privilégio masculino, isto é, ele é o único que se percebe como sujeito da traição. Enquanto a mulher, mesmo quando trai, continua se percebendo como uma vítima, que no máximo reage à dominação masculina.

Os comportamentos sexuais podem ter mudado, tendendo a uma maior igualdade, mas o discurso sobre o sexo ainda resiste às mudanças. Os discursos estabelecem e reafirmam as diferenças de gênero, até mesmo quando o comportamento parece recusar essas diferenças. Não estou afirmando que não existem diferenças no comportamento sexual feminino e masculino, mas, como sugerem os dados da minha pesquisa, elas não são tão grandes assim. O que quero propor é que a linguagem da diferença não só reforça as diferenças existentes como parece ampliar significativamente o significado de diferenças que não são tão grandes como parecem.

O paradoxo da (in)fidelidade: a fidelidade como ilusão

Qual o paradoxo, ou paradoxos, da (in)fidelidade?

Encontrei alguns ao longo de vinte anos de pesquisa sobre o tema.

Inspirada nas idéias de Bauman (2008),[40] pode-se pensar que a fidelidade só é um valor na medida em que não se

---

[40] BAUMAN, Zygmunt. *Medo líquido*. Rio de Janeiro: Zahar, 2008.

apresente como uma "amostra grátis", se for algo pelo qual se deve lutar e que exija um esforço para ser obtido — e seja disponível a apenas alguns poucos indivíduos enquanto permanece muito além do alcance dos demais. Se todos os indivíduos fossem fiéis, ou se a fidelidade fosse uma qualidade inata, banal, de toda e qualquer pessoa, a idéia de fidelidade certamente perderia muito de seu brilho e atração, "embora, muito provavelmente, nem tivesse nascido, para começo de conversa".

Portanto, pode-se pensar que:

A fidelidade é um valor, mesmo para aqueles indivíduos que são infiéis.

A fidelidade é um valor, talvez exatamente porque os indivíduos são infiéis.

A fidelidade é um ideal.

O ideal é a ilusão de fidelidade.

Todo mundo quer a ilusão de fidelidade mais do que a própria fidelidade.

Homens e mulheres acreditam que podem ser fiéis; ou, melhor, acreditam que podem ser infiéis e fazerem o parceiro acreditar que são fiéis.

O compromisso (explícito ou implícito) é ser fiel ao parceiro.

No entanto, o compromisso consigo mesmo é fazê-lo acreditar que se é fiel, apesar de não ser.

Existe um ideal para si: fazer o outro acreditar que a própria fidelidade é verdadeira.

Existe um ideal para o outro: acreditar que a fidelidade do outro é verdadeira.

É tão importante que o outro acredite na fidelidade quanto acreditar na fidelidade do outro.

E isto importa muito mais do que ser efetivamente fiel.

Na fidelidade, é muito mais importante parecer do que ser.

E acreditar do que ver.

A infidelidade é semelhante à morte.

Todo mundo sabe que vai morrer.

Todo mundo age como se não fosse morrer.

Ninguém quer enxergar a possibilidade da própria morte ou da morte do ser amado.

Ninguém admite a própria infidelidade e, menos ainda, a infidelidade do amado.

Todo mundo age como se fosse viver para sempre.

A fidelidade é como a ilusão de que é possível viver para sempre, mesmo quando se reconhece a inevitabilidade da morte.

E da infidelidade.

O que falta quando se é infiel? O que se busca? Do que se foge?

Amores distantes, amores (im)possíveis? Um diálogo com Jordi Roca sobre o casamento entre homens espanhóis e mulheres brasileiras

O antropólogo catalão Jordi Roca é um dos poucos pesquisadores do sexo masculino que trabalham com questões de gênero na Espanha. É autor do livro *De la pureza a la maternidad. La construcción del gênero femenino em la postguerra española*, sua tese de doutorado, que recebeu o Prêmio de Investigação Cultural Marqués de Lozoya do Ministério de Cultura do governo da Espanha, em 1993.

Em novembro de 2007, passei um mês em Tarragona, na Espanha, fazendo entrevistas com mulheres catalãs e ministrando um curso sobre gênero, corpo e sexualidade no Mestrado de Antropologia Urbana da Universidade Rovira i Virgili, a convite de Jordi, professor e coordenador desse Mestrado. Na Catalunha e aqui no Rio de Janeiro, tive a feliz oportunidade de estabelecer uma rica parceria intelectual com esse antropólogo tão criativo e interessante.

Sugeri, como uma forma de consolidar a nossa parceria, a construção de um diálogo sobre a pesquisa que Jordi realiza sobre o casamento de homens espanhóis com mulheres estrangeiras. Meu interesse era o de comparar as representações sobre as mulheres brasileiras e espanholas, a partir de suas reflexões sobre os casamentos mistos.

Nosso diálogo foi construído por meio de incontáveis e-mails. Provocar esse diálogo, assim como traduzir cada linha dele, foi uma experiência extremamente prazerosa. Espero ter mantido, no texto traduzido, uma das características de que mais gosto em Jordi, característica muito rara no mundo acadêmico: seu senso de humor. Ao lado do humor, uma seriedade profissional inigualável, diria até, profundamente catalã.

Nos quase dois meses que passei na Alemanha, em junho e julho de 2007, dando conferências e fazendo entrevistas com mulheres alemãs, uma das palavras que mais ouvi e, com certeza, a que mais me chamou a atenção foi *immediatly*. Na hora de sair para um compromisso ou para ir jantar, eu era convocada com um *immediatly*, bastante imperativo e assustador. Já de Jordi, na Catalunha, todas as vezes em que eu agradecia sua atenção, ouvia um carinhoso: "*Tranquila, no te preocupes, no pasa nada.*" Inúmeras vezes, logo após o meu *gracias*, Jordi dizia: "*Tranquila, no te preocupes, no pasa nada*". Pensei, inúmeras vezes, que seria interessante analisar as diferenças culturais a partir de algumas palavras que nos causam surpresa ou estranhamento. Nessas duas viagens, tão próximas, aprendi muito com pequenos detalhes, como o *immediatly* das alemãs, e o *tranquila, no te preocupes, no pasa nada* de um gentil catalão.

Mirian: Jordi, como você gostaria de ser apresentado ao leitor brasileiro?

Jordi: Eu me chamo — embora fosse melhor dizer que me chamam, porque não costumo chamar a mim mesmo — Jordi. Jordi é um nome certamente estranho para o leitor de fala portuguesa. É o equivalente, em catalão — um idioma falado por mais gente (mais de 10 milhões de pessoas) do que alguns idiomas oficiais de Estados europeus —, a Jorge em português ou espanhol, nome do mártir Jorge, extremamente popular na Espanha pela lenda segundo a qual matou um terrível dragão para libertar uma bela donzela. Nasci no dia 5 de fevereiro de um ano do qual não me recordo. Na verdade, é uma mentira essa seletiva falta de memória.

Em 5 de fevereiro, a Igreja Católica celebra a festividade de Santa Ágata, ou Águeda, mártir siciliana do século III, de beleza excepcional, que, tendo recusado um senador romano que a cortejava, por estar comprometida com Jesus Cristo, foi torturada, tendo seus seios cortados. Em alguns lugares da Catalunha, ela é considerada a padroeira das mulheres, razão pela qual existia a tradição de que, nesse dia, as mulheres é que mandavam, o que se traduzia, geralmente, no fato de que eram os maridos que realizavam as tarefas domésticas enquanto elas desfilavam, em grupo, pelo espaço público comunitário. Um ritual de inversão, como o carnaval, cuja subversão temporal da ordem não faz mais do que reforçá-la e legitimá-la.

Se eu já fosse, ou algum dia chegar a ser, um personagem importante, certamente meus biógrafos não desperdiçariam a oportunidade de ver, nesses antecedentes, augúrios ou presságios determinantes. Escolhi, porém, ou encontrei, o caminho da antropologia e, dentro dela, dediquei a maior parte do meu trabalho ao que durante algum tempo se chamou de estudos das mulheres e agora se denomina estudos de gênero, o qual não sei se contribuiu para libertar ou martirizar a alguém ou a mim mesmo.

Filho da transição espanhola da ditadura para a democracia, meus primeiros trabalhos nesse terreno se centraram na investigação das bases constitutivas do projeto elaborado pela ditadura para as mulheres espanholas. Sempre pensei, e constatei na prática, que essa aposta inicial seria fundamental para enfrentar, com uma bagagem maior, os estudos posteriores que realizei sobre essas mesmas questões de gênero em períodos mais atuais, que percorreram cenários tão diversos como a situação socioeconômica da mulher catalã nos últimos cinqüenta anos ou as transformações da normatividade familiar e de gênero na Espanha. Nos últimos dois anos, coordeno um projeto, financiado pelo Instituto da Mulher, do governo da Espanha, intitulado "Amor importado, migrantes por amor: la constitución de parejas entre españoles y mujeres de América Latina y de Europa del

Este en el marco de la transformación actual del sistema de género en España", por meio do qual tive a oportunidade de conhecer o trabalho da antropóloga brasileira Mirian Goldenberg e iniciar este diálogo apaixonado que, pelo menos para mim, está sendo enormemente frutífero.

Mirian: Fale um pouco, então, sobre o seu atual projeto de pesquisa.

Jordi: Meu atual projeto de pesquisa tem como objetivo conhecer e analisar a realidade de casamentos resultantes de um processo ativo de busca por parte de homens espanhóis de mulheres não-espanholas — especialmente de países eslavos (Rússia e Ucrânia) e latino-americanos (Brasil e Cuba). O interesse específico nesses casais se concretizou em uma abordagem dos motivos pelos quais homens espanhóis e mulheres não-espanholas buscam um parceiro com essas características, nas diferentes modalidades de busca, nos perfis de ambos, na consolidação ou não da relação e nos processos de negociação nos campos da conjugalidade, sexualidade etc. Também quero entender a redefinição dos papéis de gênero que esse tipo de relação produz tanto para cada um dos membros como para o casal como um todo e seu entorno familiar, amigos, colegas de trabalho etc.

Mirian: Que tipo de esposas estrangeiras os espanhóis buscam?

Jordi: Fenotipicamente distintas, mas não muito; que estejam em algum plano de inferioridade-subordinação e que lhes garantam o sentimento de serem reconhecidos e necessários.

Penso em uma hipótese um tanto maluca, mas que pode ser interessante. Os homens espanhóis buscam:

"Natureza": a mulher latina ("naturalmente" sensual, sexual, erótica, *caliente*, mas que não sabe se comportar adequadamente, não tem modos refinados, "pouco civilizada"); e

"Cultura": a mulher eslava (fria e distante, educada, culta, preparada, com bons modos, "mais civilizada").

Mirian: Não lhe parece contraditório que eles busquem mulheres com características físicas, culturais e emocionais tão distantes? Se são frias, por um lado, e *calientes*, por outro, o que realmente atrai o espanhol? Nesse sentido, a eslava estaria mais próxima da mulher espanhola de hoje (fria, educada, preparada, culta, civilizada) e a latina corresponderia à mulher espanhola de décadas atrás?

Jordi: Comentário muito pertinente. Certamente parecem, e são, modelos de mulheres muito diferentes, inclusive opostas. De fato, parece produzir-se algo como a colocação da mulher espanhola como o padrão feminino, e essas duas variações como uma certa extensão, até extremos opostos, de suas características. Assim o expressam alguns pesquisados, que dizem, por exemplo, que a mulher latina é *caliente*, a mulher eslava é fria e a mulher espanhola é temperada ou morna, quer dizer, nem fria nem *caliente*. A espanhola estaria no meio das duas, não seria um oposto delas. Deixando de lado essas gradações, na realidade, o que une esses dois tipos de mulheres é o fato de que, no imaginário masculino espanhol (construído a partir do que essas mesmas mulheres declaram em seus perfis nas agências matrimoniais ou na interação que se produz nos encontros que são conseqüência das viagens de homens espanhóis aos países de origem das mulheres estrangeiras), as eslavas e as latinas colocam o fato de se casar e de formar uma família como algo prioritário e fundamental em suas vidas.

Mirian: O que o homem espanhol mais valoriza em uma esposa?

Jordi: Que tenha uma certa admiração por ele, que adote um papel de certa submissão, dependência ou inferioridade (claro que tudo isso de forma muito sutil, muito discreta, já que ninguém manifestará esse desejo abertamente). Isso se percebe muito bem no fato de que o homem espanhol tolera muito mal que sua mulher tenha um salário ou prestígio profissional mais elevado do que o dele.

Mirian: Por que os homens espanhóis vão buscar esposas fora da Espanha?

Jordi: Porque:

a. podem fazê-lo (facilidades de mobilidade física e virtual);

b. querem fazê-lo (não desejam casar-se com a mulher espanhola); e

c. conhecem mulheres não-espanholas por meio do turismo e de sua presença como imigrantes na sociedade espanhola, e têm delas uma imagem e expectativas que lhes recordam algumas das características das mulheres espanholas de trinta anos atrás.

Mirian: Essa idéia é interessante: que tipo de mulher eles buscam? Quais as características presentes no passado que são rejeitadas no presente pelas espanholas, mas que parecem estar presentes nas estrangeiras?

Jordi: Fundamentalmente, estariam buscando uma mulher que prioriza a família e o âmbito doméstico-reprodutivo, e não o trabalho ou a realização profissional. Uma mulher que valoriza a formação de uma família — casamento, filhos — mais do que qualquer outra coisa. Isso não supõe negar a possibilidade destas outras coisas — trabalho, por exemplo —, mas desde que a família ocupe o lugar central. O mais importante é o desejo de casar e ter filhos, a dedicação e o cuidado com o marido e os filhos — daí a ênfase desses homens em citar como características das mulheres estrangeiras seu carinho, atenção, dedicação etc. Se esse homem espanhol, ou quando ele, permite à sua mulher realizar também um trabalho profissional, este deve ser adiado para após a constituição da família e a criação dos filhos.

A mulher espanhola, nas últimas décadas, realizou um grande processo de transformação de seu papel de gênero baseado em uma crescente incorporação e valorização de sua vida profissional e um conseqüente esquecimento ou subordinação de seu papel reprodutivo, que delegou a outros, ou dividiu com outros. Um exemplo atual: a idade de casamento se retardou consideravelmente e mais ainda a idade de ter o primeiro filho. Os casamentos entre espanhóis e mulheres latinas e eslavas, ao contrário, caracterizam-se pelo fato de as estrangeiras desejarem intensamente ter filhos de forma imediata, fato que, por sua vez, contribui para aumentar uma certa repulsa social por ver nisso um interesse em prender o marido.

Mirian: Parece, então, que o que as espanholas mais desejam hoje é a igualdade, dentro e fora do espaço doméstico, e o reconhecimento de sua atuação como profissionais, intelectuais etc. Já as brasileiras, e as estrangeiras que os espanhóis buscam para casar, estariam mais centradas na família, especialmente no marido e nos filhos, e não na profissão. As brasileiras, portanto, ocupariam um lugar social que as mulheres espanholas não querem e não valorizam.

Jordi: Totalmente de acordo.

Mirian: Qual o perfil do espanhol que busca mulheres brasileiras?

Jordi: Em geral, um homem mais velho, com nível educacional médio-baixo, divorciado, com filhos que vivem com a ex-mulher. Mas há também homens mais jovens de nível profissional baixo.

Mirian: Qual o perfil do espanhol que busca mulheres eslavas?

Jordi: Um homem mais jovem do que o anterior, mais preparado, com um nível educacional mais alto e, também, com mais nível profissional.

Mirian: Qual o perfil das brasileiras que querem se casar com espanhóis?

Jordi: Mulher jovem, de classe baixa, com uma experiência negativa com alguns aspectos de sua cultura, como, por exemplo, o machismo.

Mirian: Qual o perfil das eslavas que querem se casar com espanhóis?

Jordi: Mulher divorciada, com um filho, com um nível de vida quase de estrita sobrevivência, profissionalmente ativa, com estudos superiores e com alguma amiga que se casou com um europeu.

Mirian: Por que uma brasileira quer se casar com um espanhol?

Jordi: Para melhorar sua situação socioeconômica e de gênero.

Mirian: Por que um espanhol quer se casar com uma brasileira?

Jordi: Para encontrar uma parceira que lhe permita estabelecer relações de gênero tradicionais centradas na segregação de papéis.

Mirian: Qual a representação sobre a mulher brasileira feita pelos espanhóis?

Jordi: *Caliente*, carinhosa, atenciosa, serviçal, compreensiva.

Mirian: O que significa o adjetivo compreensiva? Por trás da idéia de que a mulher espanhola não é compreensiva não estaria o desejo, por parte delas, de uma relação mais igualitária? Nesse sentido, o que eles buscam não seria compreensão, mas submissão?

Jordi: Compreensiva é, de fato, uma palavra muito utilizada pelos homens espanhóis que buscam o casamento com uma mulher estrangeira. Compreensiva, certamente, tem conotações inegáveis e eufemísticas de submissão, mas penso que vai muito além ou, em todo caso, que não se trata apenas de submissão. Compreensiva é também a expressão de uma exigência masculina de que a mulher seja tolerante com algumas das supostas características da masculinidade que, cada vez mais, têm sido publicamente rejeitadas ou consideradas politicamente incorretas, na medida em que supõem um freio aos avanços no terreno da igualdade de gênero. Mais concretamente: uma mulher é compreensiva quando não impede seu marido de manter mundos relacionais nos quais ela esteja excluída, isto é, que ele possa sair e compartilhar toda uma série de atividades apenas com outros homens, seus amigos. Compreensiva é entender que o marido não pode estar tão comprometido quanto a mulher com as questões domésticas e familiares (organização da casa, atenção aos filhos, relações com os familiares etc.). Compreensiva é, por fim, aquela mulher a que ele pode procurar como uma mãe em busca de carinho e proteção, sem medo de ser julgado ou repreendido, mas, também, aquela que ele pode tratar como uma filha, impondo sua autoridade e tendo esta autoridade aceita e reconhecida.

Mirian: Como você mesmo diz, essa representação sobre a mulher compreensiva parece, na verdade, a representação de uma mãe. O que os espanhóis buscam, quando procuram estrangeiras para casar, é uma esposa que aceite o papel de mãe, que cuide, que proteja, que aceite tudo o que a espanhola não aceita mais?

Jordi: Sim, talvez no caso dos homens mais velhos de nossa pesquisa. Homens que, geralmente, já foram casados ou viveram juntos com espanholas e que não foram socializados, precisamente em grande parte por suas próprias mães, para o fato de compartilhar a realização das tarefas domésticas. São homens que com uma idade adulta avançada se percebem, inesperadamente, sem a esposa/empregada doméstica e, freqüentemente, sem uma capacidade econômica tão boa que possa contratar diversos tipos de serviços que substituiriam essa ausência. Às vezes, sim, o fazem e, então, não é raro que se deparem com o fato de que a oferta para esses serviços domésticos está constituída, fundamentalmente, por mulheres da mesma procedência que as esposas estrangeiras de que falamos (latinas e eslavas). Portanto, não é descartável pensar que se opera no imaginário do homem espanhol uma espécie de recomposição de todos esses elementos no sentido de buscar um novo tipo de casamento que suponha uma certa (sub)contratação de mão-de-obra — mais barata — reprodutiva. A hipótese é audaciosa, eu sei, mas não de todo descartável.

Mas continuo defendendo que um bom número de homens de nossa pesquisa, tanto quanto uma mãe, ou inclusive mais do que uma mãe, busca também uma espécie de filha ou pupila. O reconhecimento de uma mãe se funda no amor incondicional, acrítico, desinteressado. Nesse sentido, e ainda que possa parecer contraditório, é menos objetivo ou valioso do que o reconhecimento de uma filha-pupila que se funda na admiração. Quando uso a idéia de mais objetivo, quero dizer que o amor de mãe nasce mais da emoção incondicional, não considera os merecimentos alheios a esse amor, enquanto o da filha, além do vínculo emocional, leva em consideração, também, virtudes e defeitos, qualidades ou ausência delas.

Alguns desses homens, certamente, pretendem levar a cabo com suas esposas-filhas (às vezes esse binômio não é apenas conceitual, pois, em muitos casos, a diferença de idade é a que poderia existir entre um pai e sua filha) uma reedição do mito de Pigmalião, tratando suas esposas como Galatéias que vão esculpindo até chegar à perfeição.

Mirian: Como as mulheres espanholas percebem as mulheres brasileiras?

Jordi: Competitivas — e vencedoras — no físico; submissas — e perdedoras — nas relações com os homens ou interesseiras e muito espertas — contrastando com os homens espanhóis tontos — nessas mesmas relações.

Mirian: As mulheres brasileiras com quem eles se casam são realmente mais bonitas? Ou é só uma representação que existe sobre as brasileiras?

Jordi: O conceito de beleza, obviamente, é relativo. Mas, certamente, as mulheres brasileiras, em geral, são consideradas muito bonitas pelos espanhóis de ambos os sexos. Agora, na realidade, é certo também que muitas das mulheres brasileiras que se casam com homens espanhóis — inclusive poderíamos dizer, não é verdade, Mirian?, que a maioria das mulheres brasileiras em geral — não correspondem ao estereótipo da mulher mulata com curvas impressionantes.

Mirian: Você percebe alguma diferença entre a representação da mulher latina e da mulher brasileira?

Jordi: Em geral, quando os homens espanhóis desse segmento com o qual nos preocupamos — os que buscam esposas não-espanholas — se referem às mulheres dessas nacionalidades não estabelecem diferenças significativas entre elas, uma vez que todas compartilham do protótipo da mulher latina. As diferenças são estabelecidas a partir de questões menores, como o caráter mais festivo das brasileiras — por sua associação com o samba, carnaval etc. — ou a extraordinária beleza das venezuelanas — campeãs de muitos concursos internacionais de beleza.

Mirian: Todas as mulheres que se casam com espanhóis são de origem social mais baixa?

Jordi: Nem todas as mulheres latinas que se casam com espanhóis são de origem social humilde, ainda que, seguramente, sejam a maioria. Nesse sentido é interessante assinalar que, entre os casos que temos analisado, as mulheres latino-americanas procedentes de países não tipicamente latinos (isto é, não são brasileiras, cubanas, venezuelanas ou colombianas, mas sim peruanas ou mexicanas, por exemplo) costumam ser de classe social média-alta. No caso das mulheres eslavas, a proporção de mulheres de condição humilde é, segundo minha impressão e os dados indiretos que tenho, muito maior.

Mirian: Que tipo de papel as brasileiras desempenham como esposas? É diferente do papel das espanholas?

Jordi: Sim, a princípio, as estrangeiras têm muito mais cuidado e dedicação às tarefas domésticas e objetivos profissionais muito mais modestos do que os das espanholas.

Mirian: Quais as características que as brasileiras mais valorizam em um marido espanhol?

Jordi: Que esteja sempre presente, que se preocupe com ela, que não tenha desconfiança, que participe e colabore nas tarefas domésticas, que se sinta orgulhoso dela e que goste de exibi-la em público.

Mirian: Como você descreveria um tipo ideal de um casal composto por uma mulher brasileira e um homem espanhol?

Jordi: Diferença de idade notável — a mulher vinte anos mais jovem do que o homem —; a mulher mulata e o homem gordo e calvo; a mulher como dona-de-casa ou trabalhando em um setor não-qualificado do ramo da hotelaria (camareira) e o homem com um trabalho mais estável mas de pouca qualificação; com nível educativo de secundário ou primário para o homem e primário ou mais baixo para a mulher; nível cultural médio-baixo para o homem e baixo para a mulher.

Mirian: A mulher estrangeira que casa com um espanhol sofre algum tipo de preconceito?

Jordi: Em geral, essa mulher, especialmente no início, pode ser objeto de preconceitos e de acusações de falsidade do seu amor para com o marido, de obscuras intenções econômicas que animam seu casamento, de desejo de conseguir documentos para viver legalmente na Espanha e que, depois de consegui-los, irá abandonar seu marido, fazer sua vida com o dinheiro ou propriedades do marido etc. Também pode sofrer insinuações a respeito do seu passado — em algumas ocasiões é associada à prostituição — e da sua virtude no presente — predisposição maior para a infidelidade.

Quando são muito jovens, não é raro que estudem, embora eu tenha constatado esse fato mais no caso das mulheres eslavas. As mulheres estrangeiras que se casam com homens espanhóis, pelo que pudemos observar, costumam ser trabalhadoras ativas, ainda que em certas ocasiões seu trabalho se constitua um motivo de conflito com o marido. Conheci vários casos em que o marido espanhol se opunha ao trabalho da esposa estrangeira. As razões dessa oposição seriam fundamentalmente duas: o fato de que o modelo tradicional masculino valoriza que o marido seja capaz de manter, sozinho, a unidade doméstica e, em segundo lugar, a insegurança e o ciúme provocados pelo fato de que sua mulher possa se movimentar pelo espaço extradoméstico sem sua vigilância. Freqüentemente, ambas as razões estão camufladas debaixo do eufemismo do desejo de que a mulher se ocupe unicamente da casa e da família.

O tema das redes de apoio e de amizade é muito importante. Uma de minhas hipóteses é a de que as mulheres que protagonizam esse tipo de processo migratório, essa migração por amor, diferentemente da prática da maioria dos outros tipos de processos migratórios, fazem-no de maneira individual e solitária, sem as tradicionais redes migratórias que acompanham o migrante econômico, político etc. Além disso, uma vez no país de destino, nesse caso a Espanha, freqüentemente essas mulheres evitam o contato com seus compatriotas que emigraram por razões distintas, seja para marcar a distância entre eles, seja como resultado de um certo complexo de inferioridade. Portanto, a situação dessas migrantes por amor é de grande precariedade, especialmente se a união sentimental acaba fracassando. É interessante destacar que temos intuído, talvez como resposta a essa situação, uma certa intenção por parte de algumas dessas mulheres de construir uma espécie de rede migratória sentimental que promova, favoreça e apóie o estabelecimento de uniões sentimentais entre parentes, amigos e conhecidos de ambos os membros do casal.

Mirian: Quais são as principais diferenças entre os casais espanhóis e os casais mistos?

Jordi: O misto está muito mais exposto ao escrutínio e à avaliação do entorno social, muito mais exposto ao controle social. É, por princípio, suspeito de interesses outros que não os amorosos, únicos percebidos como legítimos.

Mirian: Quais os problemas típicos de um casal espanhol-brasileira?

Jordi: O ciúme e o trabalho da mulher fora de casa.

Mirian: Quais os problemas típicos de um casal espanhol-espanhola?

Jordi: A negociação do triângulo público-privado-doméstico. A competição. Conjugar o eu com o nós.

Mirian: Os casamentos de espanhol-brasileira duram mais ou menos que os de espanhol-espanhola?

Jordi: Não sei ainda, mas a minha hipótese inicial é que a duração é a mesma. Uma hipótese mais avançada diria que, quando se supera o rito de passagem da estigmatização social inicial, a relação se fortalece e o casamento dura mais. De todo modo, a simples intuição parece assinalar que as relações entre homens espanhóis e mulheres brasileiras, dentre os casamentos mistos, são as que mais divórcios produzem.

Mirian: Por tudo o que você disse, parece que o espanhol que não consegue o reconhecimento de uma espanhola busca uma estrangeira como compensação. Nesse sentido, pode-se pensar que ele, ao não encontrar o que quer em seu próprio país, busca alguém "inferior" (de uma cultura menos desenvolvida, de um país mais pobre economicamente etc.) para obter o reconhecimento que tanto deseja. Portanto, ele pode ser visto como alguém que "perdeu capital", já que buscou alguém "inferior" para obter o reconhecimento e a admiração. Já para as brasileiras, casar com um espanhol parece ser um "ganho de capital", em todos os sentidos. Elas casam com alguém de uma cultura mais "adiantada", com mais prestígio, mais dinheiro, mais nível educacional e cultural etc. Daí o possível sentimento de vergonha do espanhol em casar com uma estrangeira e o orgulho de uma brasileira em casar com um europeu.

Jordi: Concordo. No entanto, há um certo orgulho por parte do homem espanhol na ostentação pública de uma mulher mais jovem e muito bonita, espetacular, apesar dos comentários críticos de boa parte da sociedade no sentido de acusar tudo isso como uma relação de interesse, o que, por sua vez, sempre pode ser interpretado pelo homem como uma manifestação de inveja dos outros por sua sorte.

Mirian: O desprezo das espanholas pelos tontos espanhóis não estaria provocando a busca masculina por mulheres que reconheçam o seu valor? Assim se justificaria a busca por outras mulheres, de outros países, na falta de mulheres espanholas que lhes dêem aquilo que eles tanto querem.

Jordi: Estou plenamente de acordo com seu comentário, ainda que não possa ser generalizado para todos os homens espanhóis. Quando digo que as espanholas consideram o homem espanhol tonto, refiro-me ao homem espanhol que é fisgado nas redes de uma mulher latina-eslava. Por outro lado, é claro que os homens espanhóis não encontram o reconhecimento nos termos em que este se produzia havia algumas décadas, isto é, como a expressão de admiração por parte das mulheres por sua capacidade de sustentar e manter uma família, de guiar seus passos com segurança e autoridade etc. Hoje, esse tipo de reconhecimento está em franca decadência e se considera até um símbolo de submissão e inferioridade feminina. O certo é que, muito além da existência de alguns homens que seguem desejando esse tipo de reconhecimento, muitos outros, sem aspirar a ele, bem que agradeceriam um reconhecimento dos seus esforços no sentido de estabelecer relações de gênero mais igualitárias, do seu interesse por se envolver no âmbito doméstico, de sua total aceitação da negociação das renúncias e sacrifícios por igual para as respectivas carreiras profissionais etc. E o que freqüentemente encontram é uma atitude insolente do tipo: "Não há nada para agradecer, porque isto é o justo e o que deve ser feito, você não faz nada mais do que a sua obrigação."

Mirian: Há, então, um certo ressentimento masculino, uma certa raiva porque as espanholas não reconhecem seus esforços? Seria uma espécie de vingança do macho desprezado procurar mulheres fora da Espanha?

Jordi: Pois eu diria que, em alguma medida, e para alguns desses homens, sim.

Mirian: Tenho uma idéia que gostaria de discutir com você. Como foi dito, os homens espanhóis não encontram o reconhecimento das mulheres espanholas. Já com as estrangeiras, sentem-se valorizados e reconhecidos. Sentem-se poderosos, com alguma autoridade. Já as brasileiras não se sentem reconhecidas e valorizadas pelos brasileiros. Assim, buscam no homem estrangeiro o reconhecimento pelos seus comportamentos, valores, aparência física etc.

Ao contrário dos estereótipos, não acredito que os espanhóis busquem na brasileira apenas uma mulher bonita e sexy. Eles parecem buscar compreensão, reconhecimento, vida familiar, acima de tudo. Acham que as espanholas são muito exigentes e mandonas, como você disse.

Por outro lado, não acredito que a brasileira tenha simplesmente um interesse econômico ou de obter uma nacionalidade européia, mas busque, sobretudo, família, filhos, segurança, estabilidade, reconhecimento e, talvez, fidelidade, tudo aquilo que não encontra nos homens brasileiros.

Portanto, o homem espanhol teria um capital (ou capitais) bastante superior ao do homem brasileiro (poder, status, prestígio, dinheiro, segurança, estabilidade, proteção, fidelidade) e a brasileira um capital afetivo e familiar que faltaria às espanholas.

Quero ressaltar que tudo isso parece ocorrer muito mais como uma fantasia de ambos, como uma projeção de expectativas que é muito mais fácil de existir com alguém de fora, um estrangeiro, um outro, um estranho, do que com alguém próximo, de dentro, do próprio país. Como uma fantasia, essa projeção de todos os desejos em um estrangeiro parece muito mais fácil.

Existiria, no entanto, um segundo momento, que seria o de encontro efetivo entre duas culturas, duas histórias, dois *habitus*.

Considero que nesse segundo momento vai ocorrer um confronto entre as fantasias e a realidade cotidiana de um casal.

Assim, e este é o ponto que quero discutir com você, considero que uma relação entre um homem e uma mulher de culturas muito distantes pode ser mais fácil (um espanhol com uma eslava, por exemplo), pois a falta de uma real comunicação evitaria os problemas "naturais" de uma relação a dois. O fato de não poder existir uma comunicação efetiva entre os cônjuges impediria uma real e profunda comunicação, o que evitaria, possivelmente, muitos conflitos e reclamações. Eles são obrigados a se concentrar na resolução de problemas mais objetivos, e, portanto, a subjetividade (e suas demandas) ficaria em um segundo plano.

Já no caso do casamento entre um espanhol e uma latina, e, portanto, muito mais próximos em termos culturais e lingüísticos, a comunicação mais profunda e, também, mais subjetiva favoreceria os conflitos, as reclamações, as demandas. Nesse caso, além das dificuldades de gênero existentes mesmo entre membros da mesma cultura, seriam acrescentados os problemas que são produtos de diferenças culturais. Como, por exemplo, o fato de a brasileira ser mais expressiva, afetiva, romântica, e o espanhol, especialmente o catalão, mais fechado, frio, racional.

Seriam problemas em dobro: os de gênero e os culturais, que só poderiam aparecer por existir a possibilidade de uma real comunicação.

No caso do espanhol com a eslava, a impossibilidade ou dificuldade de comunicação amenizaria os problemas de gênero, as cobranças e as demandas mais subjetivas. Portanto, os conflitos seriam reduzidos e o casal estaria muito mais centrado na resolução de problemas práticos, objetivos, e não em questionamentos existenciais ou subjetivos.

Jordi: Para mim, suas considerações são muito interessantes, pois subvertem a lógica e o lugar-comum generalizados de que a maior distância cultural é garantia segura de fracasso, de falta de entendimento, de conflito. Não tenho ainda dados estatísticos referentes ao grau de fracasso dos casamentos mistos entre espanhóis e estrangeiras, mas alguns dados indiretos, parciais e intuitivos parecem apontar para a direção de que ocorreriam mais divórcios e separações entre espanhóis e latinas, especialmente brasileiras, do que entre espanhóis e eslavas, o que abonaria sua hipótese, Mirian.

Por outro lado, em relação ao que você assinala sobre o que buscam os espanhóis e as mulheres estrangeiras, eu já apontei em ocasiões anteriores a idéia de reciprocidade equilibrada de Marshall Sahlins (deficiências sentimentais/emocionais e superávit material/educacional/comportamental do homem espanhol e deficiências materiais/educacionais/comportamentais e superávit sentimental/emocional da mulher brasileira ou latina). Compartilho a sua idéia de que o sexo e o corpo são menos importantes do que o reconhecimento e a compreensão. Porém, eu gostaria de introduzir uma hipótese. Fala-se muito, no contexto da pós-modernidade, na banalização da sexualidade, convertida em sexualidade visual, na aparência, na qual importa mais o corpo do que a carne. Uma sexualidade ocular mais do que genital, dentro da tendência de espiritualizar o corpo convertendo-o em espelho da alma. Nesse sentido, talvez, os espanhóis que buscam essas mulheres descritas como espetaculares em termos físicos estão procurando de alguma maneira uma espécie de reconhecimento indireto que recebem ao exibir esses corpos considerados belos. É amplamente aceito que a mulher que se cuida e se arruma o faz principalmente para o seu marido. Não deixa de ser significativo que tanto as mulheres latinas quanto as eslavas se caracterizam por se ocupar e se preocupar muito com seu corpo e, mais ainda, com a apresentação pública do seu corpo. Muitos desses homens, sem dúvida, podem ver nesse fato um reconhecimento do seu poder e da sua capacidade de conquistar (e possuir) uma bela mulher.

Mirian: Como você descreveria a chamada crise da masculinidade na Espanha? Por que os espanhóis parecem tão ameaçados pela mulher espanhola?

Jordi: A origem está na crise do machismo, que foi combatido pelo discurso feminista e supostamente derrotado no marco de uma bem assentada convivência com o discurso politicamente correto em termos de gênero. Muitos homens aceitaram mal, mais do que a perda de prerrogativas supostamente privilegiadas, a atitude que consideram agressiva por parte das feministas. Outros aceitaram bem essa mudança e deram, e estão dando, passos importantes nas transformações de suas atitudes e comportamentos. Em ambos os casos, no entanto, a nova situação provoca, freqüentemente, sentimentos de insegurança e angústia que facilmente, e superficialmente, são etiquetados como crise da masculinidade.

Mirian: Como os espanhóis conquistam uma mulher espanhola?

Jordi: Ufa, já não me lembro... (É brincadeira!) Elas dizem que pelo senso de humor e pela inteligência. A paciência e o processo de sedução, ou a paquera, como vocês dizem, são fundamentais.

Mirian: Como as mulheres brasileiras percebem as mulheres espanholas?

Jordi: Mandonas e autoritárias.

Mirian: Como os homens espanhóis percebem as mulheres espanholas?

Jordi: "Empoderadas."

Mirian: "Empoderada" parece ser uma categoria de um antropólogo, não de seus pesquisados. Como os espanhóis realmente descrevem as espanholas?

Jordi: Evidentemente, a categoria "empoderada" é minha, não deles. Eles definem as espanholas em função do contexto. Se são questionados sobre as espanholas ao lado de perguntas sobre eslavas e latinas, tendem a defini-las em termos de normalidade, de média estatística. Por exemplo: as latinas são mais infiéis do que as espanholas e as eslavas são menos. As espanholas, portanto, estão no meio. O mesmo se pode dizer em relação ao caráter. No entanto, quando a pergunta acontece fora desse contexto comparativo, o que aparece de forma importante é a caracterização da espanhola como uma mulher que luta por se desfazer de sua imagem e de seus comportamentos mais tradicionais. Definem a espanhola como uma mulher estudiosa, trabalhadora, profissional, independente, com personalidade forte e clareza com relação aos seus direitos, igualitária, livre.

Mirian: As mulheres espanholas seriam mais livres sexualmente do que as estrangeiras com quem eles se casam? Eles se preocupam com a vida sexual anterior de suas esposas? Eles gostariam de se casar com mulheres virgens?

Jordi: Não, não, não. As mulheres espanholas têm um discurso muito liberado sexualmente, mas isto não quer dizer que a prática sexual das espanholas esteja, necessariamente, em consonância com o espírito desse discurso. É, para dar um bom exemplo, como se considerássemos o fato de que muitas espanholas tomam sol na praia de *topless*, e, ao contrário, quase nenhuma brasileira o faz, como um signo de maior liberdade sexual das espanholas. O fato de que muitas espanholas tomem sol dessa forma é muito mais, ou somente, uma questão política. Trata-se de um símbolo de liberação dita sexual, mas que, na realidade, significa de gênero. Liberação de gênero que pode resultar, inclusive, em uma certa negação da sexualização do corpo.

As brasileiras, pelo que sei, não entendem essa prática das espanholas. Estas, por sua vez, estranham que as brasileiras, com tanta fama de serem mulheres sensuais e de sexualidade transbordante, não tomem sol como elas fazem. Os mal-entendidos subjacentes a essas expressões são muito ilustrativos em relação ao tema da liberdade sexual que você levanta.

Por outro lado, não acredito que os espanhóis que se casam com latinas se preocupem demasiadamente com sua vida sexual anterior, o que pode resultar um tanto paradoxal, já que o ciúme — e até recentemente a valorização da virgindade, ainda que agora não mais — e a exigência de fidelidade estão entre os traços mais característicos dos casamentos mistos. Eu digo paradoxal porque está implicitamente assumido, pela maioria dos espanhóis, que essas esposas latinas tiveram uma vida sexual anterior intensa e variada (muitas delas, por exemplo, tiveram filhos quando muito jovens e, em muitos casos, existe a suspeita de possíveis relações com o mundo da prostituição). Acredito que o que torna possível superar essa dificuldade para esses homens é o fato de associar as mulheres latinas ao âmbito da "sexualidade natural": elas são seres sexuais por natureza. O que, por sua vez, reforça a idéia de que são desejadas e de que podem facilmente, mesmo contra sua própria vontade, seduzir os homens.

Mirian: Aqui, no Brasil, as mulheres costumam dizer que falta homem interessante no mercado. O que seria um homem interessante para as espanholas?

Jordi: O termo interessante resulta muito interessante, desculpe a redundância, nesse contexto. Eu acredito que expressa um sentimento de insatisfação difuso, vago, não-preciso nem concretizado em determinados aspectos. Quando alguém não encontra em sua busca algo interessante — o que desencadeia, freqüentemente, aborrecimento ou tédio —, é porque ou o entorno não lhe oferece nada que lhe chame a atenção, que lhe interesse, ou porque as expectativas com relação ao que busca estão superdimensionadas, ou uma mistura das duas coisas. Isso explica por que as pessoas que assim se sentem podem facilmente concluir que para encontrar o que buscam, alguém interessante, devem fazê-lo em um entorno diferente do seu, porque, na realidade, o que estão buscando não faz parte de sua experiência cotidiana. Em algumas das entrevistas com mulheres jovens que realizei no Brasil, em outubro de 2007, essa ênfase na falta de homens brasileiros interessantes estava muito presente. É claro que era, acredito, uma justificativa e busca de legitimação de seu interesse por encontrar um homem estrangeiro como companheiro.

Nesse contexto, portanto, a pessoa interessante se define como aquela que é o outro lado da moeda das pessoas que alguém tem ao seu redor. Definir um homem e uma mulher como interessantes supõe também definir — inclusive com maior precisão — o homem e a mulher que não são interessantes. Freqüentemente, é possível que se tenha mais claro o que não é interessante do que o que se considera interessante.

Talvez as características gerais que melhor poderiam associar-se à imagem de um homem interessante para as mulheres espanholas — deixando claro que isto é uma generalização — estariam vinculadas ao fato de não ser o protótipo do homem supostamente dominante e representativo das gerações passadas. Isto é: não ser um homem autoritário que exerce um papel de dominador nem estar desvinculado das questões domésticas e familiares. O homem interessante seria, portanto, o que tem um reconhecimento pleno da igualdade entre os gêneros, que manifesta um comportamento horizontal com sua parceira, tanto na vida afetiva (um homem que não esconde seus sentimentos) como na doméstica (participa por igual em todas as tarefas do lar e no cuidado dos filhos) e na pública (não considera sua dedicação ou promoção profissional mais importante do que a de sua esposa).

Isso tudo está muito relacionado com as mudanças que se produziram na Espanha com respeito à vivência da paternidade. No contexto de um sistema de gênero de caráter patriarcal e machista, existente há algumas décadas, o pai era um ser autoritário, a quem se devia respeito e obediência por parte de todos os membros da família, e que, muito freqüentemente, despertava medo e temor entre eles. Além disso, era um ser alienado de tudo o que estava relacionado com o âmbito doméstico e familiar. A transformação da sociedade espanhola e do correspondente sistema de gênero provocou, também, uma redefinição do papel de pai e da vivência da paternidade. O envolvimento do pai em todo o processo de gestação e parto se tornou a norma nas duas últimas décadas. A responsabilidade pelo cuidado das crianças, apesar de continuar sendo prioritariamente das mulheres, tem crescido paulatinamente entre os homens. Esse processo de "humanização" do pai, que se tornou mais participativo e presente dentro da casa e da família, se manifestou ainda mais claramente na educação dos filhos, em um sentido amplo, no contato e preocupação com eles, no interesse por suas vidas, na participação em suas atividades. Muito além, portanto, de assumir crescentes responsabilidades administrativas, os pais incorporaram, poderíamos dizer, importantes doses de responsabilidade afetiva para com os seus filhos.

Mirian: Muitas catalãs me disseram: "Eu não sou romântica. Sou prática." O que isso significa? Por que o romantismo parece ser algo tão negativo para a catalã? Por que motivos elas se casam?

Jordi: O romantismo tem tido, nos últimos anos, uma reputação ruim quando é apresentado como sinônimo de frescura e de tolice pueril e estúpida. Elas se casam, evidentemente, porque estão apaixonadas (é impossível, para elas, afirmar outra coisa porque constitui uma afronta insuportável ao romantismo da sociedade ocidental). Mas isso não exclui que pensem e reconheçam a dimensão prática do assunto: formar um casal em termos de projeto de vida, formar uma família com um projeto para os filhos etc. A Espanha foi, e continua sendo, sociologicamente falando, um país fortemente católico. O Concílio Vaticano II, no início da década de 1960, introduziu uma mudança muito importante na concepção de casamento no seio do catolicismo, ao passar para um segundo plano a finalidade procriativa, que, durante séculos, havia sido a principal função outorgada à instituição familiar, e situar em primeiro lugar o apoio mútuo entre os cônjuges. Essa mudança, acredito, se reflete também na mudança de orientação e percepção do casamento por parte dos espanhóis: primeiro o casal, depois os filhos.

Mirian: Como isso se manifesta no cotidiano dos espanhóis? Pois encontrei uma situação bastante diversa entre as mulheres que entrevistei. Os filhos parecem ocupar um lugar central no casamento. E o casal parece se consolidar em torno do cuidado com os filhos.

Jordi: É verdade que a importância dos filhos cresceu de forma exponencial nas últimas décadas e a Espanha, nesse sentido, não foi uma exceção. Também é certo que a natalidade diminuiu de maneira importante — a Espanha deixou de ser um dos países europeus com o índice mais alto de natalidade, nas décadas de 1980-90, para ter hoje uma taxa de natalidade muito baixa. Esse fato, porém, longe de refletir uma diminuição da importância dos filhos, significa exatamente o contrário: precisamente porque os filhos se tornaram importantíssimos para o casal, este decide reduzir seu número para poder dedicar mais tempo, dinheiro e atenção a eles. A crescente importância outorgada aos filhos, no caso espanhol, se constata, também, no número de adoções internacionais. Em 2005, na Espanha, foram realizadas 5.423 adoções internacionais, ou seja, 12,3 adoções internacionais para cada 100.000 habitantes, o índice mais alto em todo o mundo. A Espanha, também, tem sido pioneira no tema das técnicas de reprodução assistida.

Tudo isso, certamente, pareceria abonar a sua impressão, Mirian, e contradizer a minha. E é verdade de certo modo, mas não de maneira absoluta, e, inclusive, diria até que de maneira fundamental. Os filhos se tornaram mais e mais importantes em termos de sua problematização e transcendentalização, se me permite a expressão. Quero dizer: deve-se cuidar deles, mimá-los, prestar muita atenção ao seu desenvolvimento pessoal e intelectual, evitar possíveis traumas... Nesse sentido, a importância dos filhos, sua valorização, aumentou e é indiscutível. Mas, quando eu falo que os filhos já não são o elemento fundamental do casamento, refiro-me a que a razão principal da constituição de um casal não é a vontade de ter filhos, mas sim a de formar uma unidade de convivência na qual, certamente, em um futuro, se desejará que haja filhos, e estes serão muito importantes. No entanto, a existência de filhos não é mais uma condição *sine qua non* para a constituição nem para a permanência do casal, como ocorria em épocas anteriores, em que a infertilidade de um dos cônjuges, por exemplo, era vivida como uma grande desgraça. Posso trazer como exemplo para o meu argumento o fato de os casais espanhóis terem o primeiro filho cada vez mais tarde. Isso dentro de um contexto em que aumentou, consideravelmente, a idade em que os espanhóis se casam. As mulheres catalãs, por exemplo, se casaram, em 2006, em média, aos 31,8 anos. O padrão de natalidade até a década de 1970 incluía o fato de ter o primeiro filho imediatamente após a realização do casamento. Progressivamente, essa norma não-escrita foi se dilatando. Durante uma época, o período foi de dois anos, e depois de quatro. Agora, é cada vez maior a distância entre a união do casal e o nascimento do primeiro filho. Uma prova, portanto, de que os filhos não são o objetivo único, nem, talvez, o principal da relação.

Mirian: Ao entrevistar algumas mulheres catalãs, em novembro de 2007, percebi que a família ocupa um lugar central em suas vidas. Ao contrário das alemãs, encontrei mulheres que desejam ter marido e filhos e que, quando constituem uma família, dedicam tempo, atenção e preocupação para manter uma família feliz e unida. Não encontrei um projeto profissional tão preponderante como entre as alemãs e, muito menos, um discurso de desvalorização dos homens como parceiros. Ao contrário, as catalãs falam de seus maridos como parceiros muito presentes, amorosos e sexualmente ativos. Outro aspecto interessante foi o fato de elas me dizerem que não há conflito nem discussões sobre as tarefas domésticas, que os homens já consideram suas obrigações algumas das tarefas dentro do lar, assim como o cuidado com os filhos. Chamou-me a atenção que os homens parecem preferir cozinhar e realizar todas as atividades ligadas à cozinha (compra dos mantimentos, escolha do cardápio etc.).

Nesse sentido, os espanhóis que procuram mulheres estrangeiras não estariam fugindo desse modelo mais igualitário e buscando uma mulher que aceite uma posição desigual, isto é, que assuma integralmente as responsabilidades com as tarefas domésticas, como no modelo antigo?

Jordi: Sim, claro, essa é uma das principais razões de tais buscas e uniões, mas não é a única, ou melhor, não nesse único sentido. É verdade que o perfil de um grupo desses homens espanhóis que casam com estrangeiras é o do homem que sente falta e pretende recuperar esse tipo de mulher tradicional, como se quisesse parar o trem das mudanças de gênero. Um homem que tem a expectativa de encontrar na mulher estrangeira a "mulher perdida" de anos atrás na Espanha.

Mas também encontramos posições menos radicais: a de homens que não são necessariamente contrários à divisão igualitária das tarefas domésticas e de uma vida profissional mais ou menos igualmente importante para eles e para suas esposas, mas que dizem estar cansados do que entendem ser uma certa atitude imperativa de reivindicação e de negociação contínua por parte das mulheres espanholas. É verdade que por trás dessa atitude se esconde igualmente uma incapacidade ou falta de vontade para aceitar plenamente essas mudanças. Por outro lado, alguns desses homens, ainda que resistam a manifestar publicamente isso, sentem falta de um maior reconhecimento, por parte das espanholas, de seu esforço adaptativo nessa direção.

Finalmente, também encontramos homens, geralmente mais jovens, que já foram socializados com um espírito de igualdade entre os gêneros e que não buscam nas mulheres latinas e eslavas um tipo de mulher tradicional, ao menos de forma consciente. Poderíamos dizer, nesses casos, que sua busca faz parte de um novo supermercado mundial da intimidade, em que cada indivíduo já não está mais sujeito às limitações do espaço físico. Além disso, no caso espanhol, não se deve esquecer que a Espanha é o país da União Européia com maior dinamismo quanto a processos de imigração nos últimos anos, de modo que a convivência dos espanhóis com a diversidade avançou muitíssimo na última década.

No entanto, convém não perder de vista que o número de homens que preferem mulheres latinas ou eslavas às espanholas, apesar de significativo, é irrelevante do ponto de vista estatístico.

Em relação ao que você aponta de suas conversas com as mulheres catalãs, estou fundamentalmente de acordo, ainda que, nesse caso, seja muito importante levar em conta a idade, a posição socioeconômica e o nível educacional de suas informantes. Quanto mais jovens e quanto maior o nível e a posição, mais certa é a situação que você descreve. Posso pensar na seguinte hipótese, que permite comparar a situação das catalãs com a das alemãs: o fato de que na Espanha as mudanças para relações de gênero mais igualitárias sejam mais recentes do que na Alemanha gera duas situações um tanto contraditórias. Por um lado, uma predisposição entusiasmada por parte dos homens para aceitar essas mudanças — que indicam modernidade em um contexto como o espanhol, tido, durante muitos anos, como o paradigma do machismo mais recalcitrante e, por outro lado, a já citada situação de maior resistência masculina.

Mirian: Uma pesquisa recente feita no Brasil, pelo Datafolha, mostrou que o elemento mais importante para a felicidade no casamento é a fidelidade. Em seguida vem o amor. O sexo fica muito atrás. Qual é o elemento mais importante para a felicidade no casamento na Espanha? Queria que você falasse da importância da fidelidade no casamento entre espanhóis, e no casamento de espanhóis com mulheres estrangeiras.

Jordi: Penso, em relação à primeira parte da pergunta, que no caso espanhol as coisas não são muito diferentes nesse aspecto. Fidelidade — algo aparentemente muito concreto e perfeitamente delimitado — e, em seguida, o amor — algo, ao contrário, sem limites precisos e bem demarcados —, e, longe de ambos, o sexo — novamente algo bem delimitado. Indo um pouco além disso, parece-me curioso o fato de que está solidamente estabelecido que o nascimento do amor romântico acarreta, entre suas principais novidades, a incorporação da dimensão sexual no interior do casamento, precisamente porque este deixa teoricamente de representar fundamentalmente uma união de caráter econômico-instrumental, quando o sexo estava mais fora do que dentro, para passar a ser um encontro de dois espíritos e dois corpos que se complementam. Na realidade, esse tipo de classificação mostra, de forma bastante clara, que, se não se pode negar as mudanças ocorridas nesse terreno nos últimos séculos, existem também elementos de continuidade.

O caso da fidelidade, que você conhece muito bem em função de suas pesquisas, é interessante nesse sentido, pois mostra a continuidade de um valor, apesar das profundas transformações no âmbito do amor e do casamento, com um significado diferente. Se, no passado, esse valor estava associado a questões relacionadas com a filiação, a legitimidade e a transmissão do patrimônio, agora, que essas questões se tornaram menos importantes, está mais associado a considerações de caráter moral, como a sinceridade e a mentira, a igualdade, o respeito etc. Sendo assim, é fácil perceber que, no caso dos casamentos mistos entre espanhóis e estrangeiras, o tema da fidelidade alcança um protagonismo ainda maior, já que as suspeitas sobre as motivações reais de tal união são muito mais freqüentes do que em relação aos casamentos entre espanhóis. A fidelidade, portanto, no caso dos casamentos mistos, pode chegar a ser um indicador fundamental de felicidade. Já nos casais espanhóis, ainda que sua importância seja destacável, pode ocorrer, em alguns casos, alguma pequena permissão, mais ou menos tolerada e justificada, em termos de que certo tipo de infidelidade contribui para o fortalecimento e a boa marcha do casamento. Com isso realizamos uma espécie de retorno ao que eu apontava no início: a negação da dimensão sexual dentro do casamento ou a afirmação de que o sexo realmente ocorre fora dele.

Mirian: Você percebe alguma diferença entre a mulher espanhola e a mulher catalã? E entre os homens?

Jordi: Sim. Poderia dizer que as características que apontei até agora para a mulher espanhola, de fato, estão mais presentes no caso da mulher catalã e, em certa medida, também nas mulheres bascas. Há uma certa tendência a identificar a mulher catalã como precursora, pioneira, com uma mentalidade, comportamento e valores mais avançados, menos tradicionais. Algo semelhante aconteceria com os homens catalães, ainda que de forma menos clara e nítida do que com as mulheres. Existem numerosos dados que podem confirmar esse caráter diferencial entre a realidade catalã e a realidade espanhola em relação à temática que estamos tratando. Assim, por exemplo, na Catalunha, em

2006, os casamentos celebrados pela Igreja Católica representaram 37,3% do total, enquanto na Espanha foram 55%. O número de casamentos mistos, quer dizer, aqueles em que um dos cônjuges é de nacionalidade estrangeira, foi de 21,3% na Catalunha, e a proporção na Espanha foi de 15,7%. 23,8% dos casamentos de pessoas do mesmo sexo celebrados na Espanha, em 2006, se realizaram na Catalunha. Em termos absolutos, o maior número de divórcios na Espanha também ocorre na Catalunha.

Mirian: Quais as diferenças e semelhanças entre os espanhóis e os europeus?

Jordi: A Espanha tem experimentado transformações muito importantes desde o fim da ditadura — em 1975 — e, também, desde sua incorporação à União Européia — em 1986. Durante a ditadura, a Europa era apresentada e vista com receio, e a ditadura se orgulhava de apresentar a Espanha, especialmente nas primeiras décadas da ditadura, como "reserva espiritual do Ocidente", isto é, como um lugar incólume e impoluto onde se mantinham as essências mais tradicionais, em contraste com a dissoluta e corrupta Europa. A partir do fim da ditadura e da incorporação à União Européia, a Espanha empreendeu um processo de modernização e desenvolvimento em todos os âmbitos, na ideologia, nos comportamentos, no plano material-econômico e no político. A Europa, nesse processo, passou a se constituir em uma referência a ser imitada e igualada. Esse afã por recuperar, de certo modo, o tempo perdido e por superar um certo complexo de estar atrás da Europa levou o Estado espanhol, e muitos espanhóis e espanholas, não somente a imitar veementemente os europeus, mas, inclusive, a querer superar e ir além deles, constituindo-se, por exemplo, em matéria de legislação sobre questões de gênero, em um Estado pioneiro. A Espanha é o segundo país europeu a reconhecer o casamento entre pessoas do mesmo sexo, tem uma política com relação ao aborto bastante avançada, leis progressistas de igualdade entre os gêneros etc. Temos um dado significativo do que acabo de dizer: a questão do divórcio. A Espanha foi um dos países europeus que aprovaram com maior atraso — se excluirmos a breve vigência da lei republicana da década de 1930 — a lei do divórcio, concretamente em 1981. O número de divórcios e separações triplicou na Espanha em vinte anos: 39.000 em 1982 para 115.000 em 2002. Em 2006, a Espanha passou a ser o país da União Européia com a taxa mais alta de divórcios por cada mil habitantes (3,16), o que representa 141.817 divórcios.

Tudo o que eu disse mostra uma realidade que é hoje bastante palpável na população espanhola, que é o debate permanente entre idéias e comportamentos mais progressistas e avançados e os de caráter mais retrógrado, conservador e tradicional. Nesse sentido também, em função da rapidez desse processo, é possível constatar uma certa distância entre as opiniões públicas e estandarizadas dos espanhóis, recolhidas, por exemplo, em pesquisas de opinião, e seus comportamentos manifestos, que, freqüentemente, sofrem de sedimentação coerente com os seus pressupostos ideológicos.

É interessante destacar também que, no contexto europeu, os espanhóis, junto com os italianos, são representados como os latinos da Europa, isto é, como os mais alegres, divertidos, abertos, simpáticos, festivos etc. No entanto, dentro da Espanha, os catalães são vistos como os mais europeus, isto é, mais sérios, mais organizados, mas, também, mais progressistas e avançados em termos de costumes, valores, comportamentos etc.

Mirian: No sentido que você está falando, pode-se dizer que existem várias Espanhas dentro da Espanha? A União Européia foi algo positivo para a Espanha ou para as diferentes Espanhas?

Jordi: É verdade que existem várias Espanhas, como, acredito, existem muitos Brasis, não? Na Espanha se falam quatro línguas diferentes — a maioria das pessoas não-espanholas não sabe disso — e, de fato, a identidade espanhola, no singular, tem sido geralmente vista como algo imposto e artificial. Por outro lado, a guerra civil espanhola (1936-39) é o resultado do enfrentamento e da falta de compreensão entre o que se chama de as duas Espanhas — uma de caráter católico, tradicional, conservador, e outra de caráter progressista, libertário, laico. Há mais diversidade de todo o tipo na Espanha do que entre muitos Estados da União Européia. De todo modo, Europa também é uma realidade muito heterogênea, ainda que, fundamentalmente, a principal divisão se estabeleça tradicionalmente entre a Europa do norte e a meridional, isto é, entre um bloco de países formado por Alemanha, Reino Unido, Holanda etc. e outro bloco formado por Espanha, Itália, Portugal, Grécia etc. O primeiro bloco detém a primazia econômica e é formado por países de tradição protestante, enquanto os segundos são de tradição católica e se constituíram mais como receptores de ajudas da União Européia.

A Espanha se beneficiou muito, no meu entender, da União Européia, em todos os aspectos: econômico, cultural, legal etc. E, certamente, a Europa, tanto quando a Espanha ingressou na União Européia, mas também antes do ingresso, influiu e modificou muito o comportamento dos espanhóis. A lei espanhola do divórcio, de 1981, por exemplo, não teria sido possível sem a legislação sobre divórcio dos países europeus. O mesmo pode ser observado em muitas outras questões no âmbito do casamento e da sexualidade.

Mirian: Acredito que diferentes culturas produzem diferentes emoções, sentimentos, comportamentos, valores etc. Nesse sentido, o espanhol sentiria e desejaria de forma diferente de um brasileiro e até a própria idéia de amor seria diferente. Como isso dificultaria o relacionamento entre homens e mulheres de culturas tão diferentes?

Jordi: A interculturalidade, em qualquer âmbito que ocorra, sempre pode dar lugar a resultados de diversos significados. É ingênuo, quando não profundamente perverso, pensar em um único tipo de conseqüência resultante da relação entre pessoas pertencentes a universos culturais distintos, mas também a universos pessoais e familiares distintos. Em nosso caso, temos constatado essa diversidade de resultados em termos de conflitos, de enriquecimento, de aprendizagem, de celebração, de dificuldade, de cansaço etc. Em geral, no entanto, o que parece mais importante por parte de nossos informantes em termos de relação conjugal é o papel desempenhado pelas famílias de origem, que, nos países das mulheres estrangeiras, tem uma grande importância e que aqui na Espanha tem uma posição bastante secundária diante da centralidade da família nuclear de procriação. Em termos de relações de gênero, as mulheres costumam se mostrar positivamente surpresas com o nível de envolvimento de seus maridos espanhóis dentro da unidade doméstica e pelo cuidado e atenção que eles lhes dão. Eles, por sua vez, se mostram encantados com o caráter serviçal e pouco conflitivo de suas mulheres estrangeiras. Finalmente, algumas mulheres estrangeiras, mais do que seus maridos espanhóis, manifestaram surpresa com a vida sexual pouco imaginativa das espanholas em contraste com a sua.

Mirian: Como se manifesta, no cotidiano, esse caráter serviçal e pouco conflitivo das mulheres estrangeiras?

Jordi: Fundamentalmente, ele se manifesta por meio das próprias opiniões dos homens espanhóis pesquisados e, também, de suas esposas estrangeiras. Estas, especialmente as de origem eslava, disseram, mais de uma vez, que seu princípio é o de não enfrentar diretamente o marido, de não discutir com ele, de deixá-lo sozinho quando ele está aborrecido e esperar que passe o seu mau humor. Outro elemento que pode exemplificar essa idéia são as expressões públicas de carinho e de espírito serviçal, neste caso especialmente da parte das mulheres latinas, que se mostram sempre dependentes do marido e se adiantam a possíveis demandas que ele possa fazer.

Mirian: As mulheres espanholas também buscam homens de outros países para se casar?

Jordi: Estatisticamente, muito menos do que os homens. Os casamentos mistos protagonizados por espanholas representam quase a metade dos casamentos protagonizados por homens espanhóis. A geografia, no caso das mulheres, é diferente: homens cubanos e africanos. Mas essa resposta é totalmente intuitiva, pois não pesquisei esse tipo de casamento.

Mirian: Não encontrei muitas mulheres solteiras ou sem filhos no tempo que passei na Catalunha. Parece que ser solteira ou viver só não é uma opção legítima e desejada na Espanha, como é, por exemplo, na Alemanha.

Jordi: Hoje em dia, a percepção da vida de solteiro melhorou muito, após ter sido fortemente estigmatizada durante a ditadura, não sendo mais tão negativamente sinônimo de fracasso pessoal, ainda que seja certo que, para a maioria dos espanhóis, o casamento ou a vida conjugal continue sendo o ideal a perseguir e que, portanto, o fato de ficar solteira — a expressão em si já é muito significativa —, se é considerado, por um lado, uma opção legítima e inclusive símbolo de uma certa independência e de forte personalidade, parece, por outro, constituir uma certa expressão de fracasso. Não se pode, também, esquecer algumas considerações práticas, como o fato de que nem todo mundo pode se permitir o luxo de viver de forma independente de maneira solitária. Viver junto com um parceiro reduz muitíssimo os gastos.

Os dados que tenho a respeito estão consonantes com o que acabo de dizer. Assim, na Alemanha, dados recentes assinalam que as pessoas que viviam sozinhas constituíam um terço dos domicílios, e nas cidades chegavam a representar cerca de 50%. Na Espanha, as cifras se situam em aproximadamente metade desses valores, mas com uma clara tendência ao crescimento, já que em apenas uma década (1991-2001) os domicílios formados por uma só pessoa passaram de 1,6 a 2,9 milhões.

Mirian: Existem mulheres espanholas que buscam homens apenas para sua satisfação sexual? Em caso afirmativo, que tipo de mulher procura esse mercado sexual?

Jordi: Esse é um âmbito que apenas conheço superficialmente, mas que, possivelmente, entrará na continuação da pesquisa. Existem, certamente, mulheres espanholas que buscam homens estrangeiros — ou, melhor dizendo, no estrangeiro — com finalidades unicamente sexuais. O mercado por excelência desse segmento de espanholas é Cuba, ainda que também seja conhecida a presença de mulheres espanholas em busca de sexo em alguns países do Magreb, especialmente no Marrocos, assim como em alguns países latino-americanos. No Brasil, tenho notícias do mercado sexual entre homens brasileiros e gringas, entre elas espanholas, na praia de Pipa, nas cercanias de Natal, no Rio Grande do Norte.

De forma muito intuitiva, posso assinalar que se trata, penso, de mulheres pertencentes a dois grandes grupos: um formado por mulheres de mais de 40 anos, separadas ou divorciadas, que podem entender essa prática como uma espécie de movimento emancipatório-igualitário; e outro, formado por mulheres jovens solteiras, que focalizam mais esse tipo de experiência em termos de diversão.

Mirian: Fale um pouco sobre a sua experiência em Kiev e no Rio de Janeiro. O que você descobriu sobre as mulheres que desejam casar com um espanhol?

Jordi: Para Kiev eu fui dentro do marco de uma agência matrimonial especializada. O procedimento, em resumo, consiste em realizar uma seleção das mulheres que interessam ao cliente entre a galeria de candidatas apresentadas pela agência. Essas candidatas estão agrupadas em quatro grandes grupos: as menores de 25 anos (e maiores de 18), as de 25 a 30 anos; as de 31 a 35 anos; e, finalmente, as de mais de 36 anos. São cerca de mil mulheres, sendo as do grupo entre 25 e 30 anos as mais numerosas. O homem interessado deve criar um perfil. Após ele selecionar as mulheres que lhe interessam, a agência envia o perfil do homem a essas mulheres e elas decidem se aceitam ou não se encontrar com o candidato. Em geral, o número de respostas afirmativas chega a 80%. Nos perfis estão as seguintes variáveis: estado civil, idade, se tem filhos, profissão, estudos, lugar de residência, idiomas e uma breve descrição pessoal das próprias qualidades e, também, das características e limitações do que busca. Eu escolhi vinte candidatas, ainda que depois, uma vez em Kiev, como fiquei mais dias do que esperava, escolhi algumas mulheres a mais. A agência, em Kiev, é responsável pelo alojamento do cliente, não em hotel, mas em apartamentos, e facilita o contato com as mulheres escolhidas. Ela organiza uma espécie de agenda em que estão os dias e os horários dos encontros. O ritmo pode variar de um único encontro por dia ou de vários no mesmo dia, em horários diferentes. Em geral, o encontro se realiza no escritório da agência, no centro da cidade. Uma vez feitas as apresentações, o encontro pode se realizar na própria agência, em uma das pequenas salas que existem no local, ou pode ser fora dela, em algum bar ou restaurante, se coincide com o horário do almoço ou do jantar, ou simplesmente dando um passeio pela cidade. As mulheres mais jovens costumam ter certo domínio do inglês e, em menor medida, do francês, espanhol ou italiano. As mais velhas, às vezes, só falam o ucraniano ou o russo. Nesse caso, a agência providencia uma tradutora. Em um dos casos que escolhi, a mulher veio com a filha de 20 anos, estudante universitária.

que traduziu a conversa. As conversas oscilaram entre uma hora, as mais curtas, e três ou quatro horas, as mais longas. Não tive nenhum segundo encontro com as mulheres com quem conversei, ainda que isso seja possível se houver interesse de ambas as partes.

Em geral, posso assinalar que as mulheres mais jovens não demonstram demasiado interesse por conseguir um marido. Parecem mais interessadas em passar algumas horas praticando o seu inglês ou serem convidadas para beber ou comer algo, ou, inclusive, em conseguir algum dinheiro para pagar o táxi que, supostamente, devem tomar para voltar para casa após o encontro. Por isso, não fazem muitas perguntas ao candidato sobre aspectos que têm a ver com uma hipotética possibilidade de vida em comum no futuro.

As mulheres dos outros grupos, ao contrário, manifestam claramente esse interesse. Mostram-se especialmente interessadas em saber como é a relação que o candidato mantém com a ex-mulher, se é o caso. No entanto, essa manifestação é sempre muito discreta. Não fazem grandes demonstrações de interesse nem de afetividade. Mostram-se mais passivas, em compasso de espera. Não tomam a iniciativa em nenhum âmbito. Elas mais contraperguntam, isto é, perguntam o mesmo que o candidato lhes perguntou previamente. Seu perfil majoritário é o de uma mulher que se casou muito jovem, com um filho nascido no primeiro ano do casamento, divorciada após pouco tempo de casamento, com um ex-marido ausente e sem nenhum tipo de responsabilidade paterna, e do qual nem querem ouvir falar. Em geral, são mulheres com estudos universitários e profissionalmente ativas, ainda que com um salário muito baixo, que lhes impõe condições de vida muito difíceis. Fisicamente se apresentam bem-arrumadas e muito cuidadas em termos cosméticos.

Elas não diferenciam demasiadamente os europeus, mesmo que pareçam não gostar muito dos alemães (e, também, dos americanos). Parecem ter certa preferência pelos italianos.

O centro de Kiev parece, em muitas ocasiões, uma passarela de moda gigante ao ar livre. Muitas adolescentes e mulheres jovens exibindo corpos esculturais — e muito conscientes disso — passeiam pelas ruas. Nesse sentido, a tipologia e morfologia que vi nas ruas de Kiev é muito mais homogênea do que a que observei nas ruas do Rio de Janeiro, onde se dá uma maior diversidade de tipos de mulheres. Tanto no Rio quanto em Kiev constatei que as mulheres que desejam casar com estrangeiros fazem uma avaliação muito crítica em termos negativos de seus compatriotas masculinos. No entanto, esse exercício parece muito mais habitual e generalizado entre as mulheres ucranianas (Kiev) do que entre as brasileiras (Rio de Janeiro). Entre as primeiras parece que quase todas estão desejando, ainda que não o manifestem de forma descarada, sair do país e casar-se com um europeu, enquanto que entre as segundas essa aspiração não resulta muito significativa, sendo apenas de um coletivo minoritário e, segundo acredito, de determinado estrato social.

Mirian: Você me contou que aqui, no Brasil, todos achavam que havia algum tipo de interesse pessoal nesse tipo de pesquisa; quase uma acusação do tipo: se você está estudando esse tema é porque você é um espanhol interessado em casar com uma estrangeira. Gostaria que você falasse sobre o tipo de reações que a sua pesquisa provoca e se você se sente estigmatizado por estudar um tema como esse.

Jordi: Sim, é certo de que no Brasil, diferentemente do que ocorre na Espanha, freqüentemente me perguntaram, de forma mais ou menos direta, sobre a dimensão pessoal da minha pesquisa, o que me surpreendeu bastante. Isto não quer dizer que na Espanha, tanto entre os meus colegas quanto por parte de outras pessoas não vinculadas ao mundo acadêmico, esta não tenha provocado reações irônicas, maliciosas, jocosas etc. A diferença é que no Brasil, como você aponta, Mirian, as pessoas pensam mais em termos de um certo interesse em unir o profissional ao pessoal, mas, eu diria, de uma maneira mais natural, como se todos gostassem de estudar temas que despertassem o interesse e, também, o prazer de realizar a pesquisa. Já na Espanha a atitude é mais de desconfiança, de pensar que alguém se aproveita do profissional para realizar fantasias ou para justificar intenções não-confessáveis. Ainda que sempre tenha ocorrido em um contexto de brincadeira, não foram poucas as pessoas, inclusive colegas de profissão, que se ofereceram para me acompanhar nas viagens como assistentes.

De todo modo, diria que a palavra para o que ocorre comigo não seria estigmatizado, mas sim invejado. Sem querer ser pretensioso, acredito que no fundo, apesar da já comentada suspeita ou ironia jocosa sobre as possíveis derivações não-profissionais da minha pesquisa, parte dessa inveja se dá pelo reconhecimento implícito de que se trata de objeto de estudo que constitui um poderoso, original e muito potente núcleo de análise e reflexão para compreender a sociedade espanhola contemporânea.

Mirian: Você é um dos raros pesquisadores do sexo masculino, na Espanha, que estudam questões de gênero. Você se sente um pouco deslocado nesse universo dominado por mulheres?

Jordi: Se devo ser sincero, devo dizer que tenho me preocupado muito pouco, ao longo de cerca de vinte anos que venho pesquisando sobre temáticas de gênero, e muito especialmente sobre questões de gênero feminino, com a consideração política e inclusive acadêmica que meu trabalho possa suscitar. Isso não quer dizer, certamente, que eu não esteja consciente de algumas das reações que minha atividade nesse terreno tem provocado. Tenho de dizer que raramente tive enfrentamentos ou más relações explícitas com as colegas antropólogas que trabalham nesse campo, até porque essas relações têm sido muito escassas, para não dizer quase nulas. Nesse sentido, posso dizer, por exemplo, que nunca estive em uma banca de defesa de tese de doutorado sobre gênero ocorrida em qualquer departamento de antropologia da Espanha. Por outro lado, estive em inúmeras bancas de tese sobre temáticas de gênero de departamentos de história e de sociologia. Também, nesses departamentos, tenho sido convidado freqüentemente para seminários sobre essa temática, o que ocorre muito raramente em departamentos de antropologia.

Portanto, no meu caso, mais do que o sentimento de estranhamento em relação ao campo de estudo em que trabalho, tenho experimentado o sentimento de estranhamento em relação às colegas antropólogas que trabalham nesse âmbito. Ainda que, também devo dizer, isto possa ser em função, em grande medida, do reduzido número de pessoas que têm trabalhado neste campo na antropologia espanhola e que, além disso, têm estado mais ou menos divididas em dois grupos diferentes, com nenhum dos quais eu me aliei explicitamente (fundamentalmente porque nem sei direito e nem me interessei sobre as razões desse desencontro).

Em alguma ocasião, em algum fórum marcadamente feminista, sim, eu percebi com clareza certa hostilidade pelo fato de ser um homem interessado no estudo das mulheres, ainda que em outras ocasiões, igualmente, percebi um certo interesse por esse fato ou, ainda, a indiferença, que é o que eu acredito que devemos desejar nesse caso.

Mirian: Você não tem medo de se apaixonar por uma estrangeira? Em Kiev você me contou que entrevistou mulheres lindas, "quase perfeitas" ou "totalmente perfeitas", como elas se apresentavam. Qual a sua sensação, como homem, ao entrevistar mulheres que se mostram disponíveis e desejosas de se casar com um espanhol?

Jordi: Sinto decepcionar você, Mirian, com esta resposta, mas em nenhum momento tive esse tipo de medo. Se eu fosse fiel à retórica romântica, poderia ou deveria dizer que, de fato, o enamoramento pode surgir em qualquer momento, em qualquer lugar e em qualquer circunstância. Ou seja, que tal coisa tanto poderia me ocorrer entrevistando as mulheres eslavas que buscam maridos da Europa ocidental como estudando os rituais ortodoxos nas igrejas de Kiev ou participando das práticas de pastoreio dos Nuer. E, mais ainda, pode ser que, por ser mais evidente esse "perigo" no caso de uma pesquisa com mulheres predispostas a estabelecer relações sentimentais com homens com características como as minhas, inconscientemente eu tenha ativado algum mecanismo de defesa ou distanciamento, vítima, eu mesmo, do preconceito de que convém separar o pessoal do científico e de uma certa nebulosa ética que sempre aparece ameaçadora no horizonte, mas sempre de maneira inconcreta e indefinida. O certo é que, se tive alguma reação, em algum momento, foi a tendência de dissociar, em alguma medida, "o profissional" de algum "outro" tipo de comportamento ou interesse que pudesse não ser "profissional", e, nesse sentido, talvez eu tenha perdido algo da minha naturalidade. Talvez isso explicaria, como já comentei, não ter me encontrado uma segunda vez com nenhuma das mulheres eslavas que entrevistei.

Mirian: Conte uma experiência interessante que ocorreu no seu trabalho de campo.

Jordi: Vou transcrever para você, já traduzido do catalão, o que anotei no meu diário de campo do dia 25 de junho de 2007.

> Hora: 20-22 horas
> Duração: 2 horas
> Lugar: Restaurante Shato, Kiev.
>
> Foi o último encontro em Kiev (com Oksana, 35 anos, solteira), justamente na noite anterior ao meu retorno à Espanha. Havíamos combinado, por intermédio de Txenia (minha assistente da agência de Kiev), às 20 horas no restaurante Shato (obviamente eu deveria convidar Oksana para jantar). Na verdade, eu poderia cancelar o encontro (é o último dia, estou um pouco cansado, quero dormir cedo), mas, quem sabe, seria bom realizar um último encontro com essas características — em uma única ocasião anterior o encontro ocorreu em uma hora similar. A mulher, ou, melhor dizendo, o texto de sua ficha de apresentação, não tem desperdício: "sofisticada, inteligente" etc.

Sua ficha na agência é a seguinte:

Name: Oksana
Birth date: 8.3.1972
Height: 167 cm
Weight: 52 kg
Marital status: single
Children: no
Eyes: brown
Languages: English, fluent French, basic Italian
Profession: export manager
Location: Kiev
Zodiac: Pisces

More about myself: "I am confident, purposeful, intelligent, with good sense of humour, active, with sophisticated taste. My dream is to find the right man to create a happy family with. My hobbies are ancient and modern civilizations, history, economics, foreign languages, swimming, gymnastics, tennis. I like playing piano, go to the theatre, visit galleries, museums, open new places for me, make presents for people that I love. I would like to meet an intelligent, sportive man, without children, non-smoker."

Minha intuição diz que é o tipo de mulher de agência que o que realmente quer é um convite para jantar e que, depois, ao ir embora, irá pedir algum dinheiro para o táxi. Mas vou mesmo assim, para ver o que acontece.

Quando chego, cinco minutos antes da hora combinada, ela já está me esperando. Fala um francês impecável e implacável — inclusive me corrigiu algumas vezes —, de maneira decidida e rápida. Quando já tínhamos saído do restaurante (um par de horas no total) e estávamos chegando à estação do metrô, aonde fui para acompanhá-la, ela disse que a Espanha era um belo país, onde se vive e se come muito bem. Concordei com essa idéia, elogiei muito o clima, mas disse, também, que não gostava de muitas coisas no meu país, arrematando minha afirmação com um *"la perfection elle n'existe pas, mais nous devons la chercher"*. Oksana reagiu de maneira contundente à minha afirmação, dizendo enfaticamente: "N'est pas vrai, la perfection si existe-elle: c'est moi." Não baixei a guarda nem me senti mortalmente *touché* porque reagi e disse: "Bon, c'est vrai, mais c'est une exception." Esse final mostra de maneira exemplar a personagem e a personalidade dessa mulher.

Certamente sofisticada. Nível elevado. Talvez fruto de uma preparação minuciosa, mas o certo é que ela estava perfeitamente bem informada: conhecimentos de história, de arte, e muito conhecimento de geografia, supostamente adquirido por meio de diferentes viagens: Costa Brava, Costa Dorada, Barcelona, Tarragona (sim, me falou de Tarragona e me fez uma descrição minuciosa de um monumento da cidade), Peniscola, Málaga, Marbella, Madri, País Basco... Isso no que se refere à Espanha (citando nomes de museus e de monumentos, referências aos touros etc.), depois também França etc.

Ela deixou muito claro que não fumava (disse que fumou um único cigarro em sua vida) e se interessou em saber se eu fumava. De fato, ela escolheu um lugar para não-fumantes. Creio que também disse que não bebia — portanto, não creio que gostou que eu tenha bebido, no curso do nosso encontro, um par de cervejas. Disse que o marido que ela queria — respondendo a uma pergunta sobre se havia sido casada e sobre os homens ucranianos — deveria ser organizado, inteligente, com vontade de viajar, de bom nível cultural, porque ela não poderia viver com alguém com quem não pudesse conversar sobre seus interesses e que não compartilhasse seus gostos.

Cada um pediu uma salada — ela me recomendou uma e eu, constrangido com o cardápio, demonstrei que me deixava guiar por sua, sem dúvida, perfeita sugestão.

Ela se interessou pelo que eu fazia e no que trabalhava (depois que eu perguntei o mesmo). Perguntou sobre o período histórico de que eu mais gostava (ficou surpresa quando eu disse que achava que a idade contemporânea começou com a Revolução Francesa). Depois, falei muito sobre a minha tese de doutorado.

Ela, por sua vez, me disse que tem três profissões, cinco cursos de piano, e que trabalha sozinha como agente imobiliária. Disse que era um trabalho muito variável, no qual podia ganhar muito dinheiro em uma época e menos em outra.

Comentou, também, que tem poucos mas bons amigos, especialmente amigas, algumas das quais estavam casadas no estrangeiro (EUA, Bélgica). Perguntei se suas amigas estavam felizes, e ela respondeu: "*Comme ci comme ça.*" Ela me disse que estava inscrita havia um ano na agência e, quando perguntei se conheceu homens interessantes, deu a mesma resposta: "*Comme ci comme ça.*" Ela me perguntou — talvez para testar minhas verdadeiras intenções — quais eram os principais museus que deveria visitar em Madri, já que estava pensando em visitar a cidade em breve.

Ela pediu a conta e deu um cartão que serve para ganhar 15% de desconto. Depois, paguei a conta, *of course*. Antes de sair do restaurante me fez um gesto como querendo dizer que eu esperasse um momento, pois iria ao toalete. Depois, saímos. Pensei que ela pediria um táxi e que eu, obviamente, deveria dar o dinheiro para pagá-lo. Mas não, ela disse que iria pegar o metrô. Talvez sua postura e seu estilo lhe impeçam de mendigar dinheiro para um táxi, ainda que, por outro lado, ir de metrô — disse que não vivia muito longe do centro, cerca de 15 minutos — não parecia estar em consonância com o *glamour* que pretendia destilar e do qual, de alguma maneira, ia deixando gotas. Mas, gotas forçadas, de uma certa amargura latente...

Mirian: Jordi, a sua pesquisa põe algumas questões éticas para o antropólogo. Você se inscreveu em uma agência matrimonial, pagou pelo trabalho da agência (preparação dos encontros, hospedagem, tradução etc.), teve encontros com dezenas de mulheres, jantou com elas, talvez até tenha despertado algumas paixões, e, no entanto, as suas informantes não sabiam que você estava realizando uma pesquisa. Elas acreditavam que você era um candidato, ou, talvez, um marido espanhol em potencial. Queria que você falasse como viveu essa experiência. Se teve algum dilema ético, se acabou revelando o seu verdadeiro interesse nesses encontros, especialmente em Kiev.

Jordi: Sempre achei surpreendente que em nossa disciplina, a antropologia, a chamada questão ética pareça possuir uma dimensão bastante mais relevante do que a que possui em outras disciplinas. Muito mais, por exemplo, do que a que se dá entre os que se dedicam ao estudo das mariposas. Mais até do que a que se intui entre nossos primos irmãos sociólogos e psicólogos, para citar alguns dos que ostentam um grau mais próximo de parentesco.

As razões para o primeiro caso têm a ver, obviamente, com a própria natureza do objeto de estudo. Nosso objeto é um sujeito, isto é, um ser de igual condição.

Para o segundo caso, em que essa diferenciação não é pertinente, os motivos se tornam um pouco mais complexos. Nesse sentido, pode-se alegar, por um lado, uma questão de escala e intensidade. A relação que os antropólogos costumam manter com os seus informantes é mais intensa, direta e persistente do que a que os outros profissionais mencionados mantêm. A tradição histórica da disciplina, por outro lado, contém episódios pouco edificantes de "efeitos perversos" sobre os investigados como conseqüência de sua participação em projetos levados a cabo por antropólogos.

Assim, a abordagem da chamada questão ética oscila entre dois extremos que consideram, por um lado, que a investigação realizada com sujeitos humanos como fonte primordial de informação a partir do estabelecimento de uma relação empática e de confiança entre estes e o investigador deve preservar, acima de tudo, a confidencialidade e o anonimato do informante como medida para evitar qualquer conseqüência negativa como resultado de sua colaboração com a pesquisa; e, por outro lado, no extremo oposto, a visão de que, dado que a investigação antropológica se desenvolve em um meio caracterizado, entre outras coisas, pela existência do engano e da mentira como componentes habituais das relações humanas e como recurso para a obtenção de fins diversos, a pesquisa não tem por que permanecer alheia a estas.

No primeiro caso, a ênfase se coloca na preservação das pessoas, enquanto no segundo se assenta nos objetivos da investigação. Em ambos os casos, acredito, incorre-se em uma generalização que obscurece a dimensão complexa do assunto. Assim, tal como se pode constatar em numerosas pesquisas, são muitos os informantes que não só não demandam a confidencialidade e o anonimato, como, ao contrário, os rechaçam de forma veemente: eles desejam aparecer como tais nos trabalhos e publicações derivados da pesquisa em que participaram. Inclusive há aqueles pesquisadores que reconhecem seus informantes como co-autores da pesquisa realizada.

Portanto, muito além de uma análise esquemática que simplifique a natureza do fenômeno considerado, e estabeleça receitas rígidas e dogmáticas, minha opinião e minha atitude a respeito se inserem no que se costuma chamar de uma adoção de uma "ética situacional", que integre tanto a dimensão ética profissional quanto a individual no contexto de uma investigação concreta, com objetivos específicos e encarnada em indivíduos particulares, tanto pesquisadores quanto pesquisados, com relações originais e livres entre eles.

Dito isto, acredito que minha experiência de pesquisa, no contexto intelectual e humano do qual estamos falando, em nenhum caso se baseou na mentira ou no abuso de uma suposta posição de domínio. Os responsáveis pela agência matrimonial que preparou e acompanhou minha viagem a Kiev conheciam detalhadamente o meu projeto de pesquisa (um conhecimento que, com certeza, aproveitaram para a própria publicidade de sua agência, já que incorporaram em sua página da web a explicitação de sua colaboração com a pesquisa). As mulheres que aceitaram me conhecer e conversar comigo são mulheres que livre e voluntariamente se inscreveram em uma agência com a finalidade de estabelecer relações com homens que manifestaram o interesse por conhecê-las, e a quem elas, por sua vez, desejaram conhecer. Eu escolhi algumas mulheres com base em critérios e perfis que respondiam a interesses científicos a partir dos dados apresentados pela agência que eu, obviamente, não tive condições de verificar se eram verdadeiros em sua totalidade. Algumas decidiram me conhecer de acordo com os dados, todos verdadeiros, que apareciam no perfil da minha ficha que a agência lhes apresentou; outras recusaram me conhecer (deixando as questões de auto-estima de lado, meu "índice de êxito" se situou em torno de 75%). Quando, em nossos encontros, eu fiz perguntas, elas responderam aquilo que quiseram e como quiseram. Quando elas me fizeram perguntas, eu fiz exatamente o mesmo. Não posso avaliar se o meu nível de transparência e de sinceridade foi maior ou menor do que o delas, porém, a idéia de que foi similar me parece a mais provável. Nem minha condição profissional, civil, nacional, residencial e, também, sentimental foram alteradas ou modificadas de forma consciente. Acredito que ninguém saiu lesado ou prejudicado nesses encontros. Tampouco posso afirmar que alguém melhorou sua auto-estima ou estado de alma. Talvez tudo isso em conjunto tenha sido bastante mais prosaico do que possamos imaginar. Se alguma das pesquisadas se apaixonou de maneira incipiente — esses encontros, honestamente, não possibilitavam muito mais do que isso — ou começou a alimentar alguma espécie de expectativa, não o fez, entendo, de forma muito diferente do que o que poderia ocorrer em qualquer outro contexto relacional ou em um similar, como, por exemplo, em uma viagem turística à mesma cidade.

Mirian: De alguma forma, a pesquisa modificou a sua vida?

Jordi: Toda pesquisa, por ser intensa e apaixonadamente realizada, faz parte da vida de quem a faz e de quem participa dela, em maior ou menor grau, de maneira mais ou menos consciente. Uma pesquisa sempre descobre coisas para alguém — e coisas sobre alguém —, mas também — e isso muitas vezes é mais difícil de ver e, sobretudo, de reconhecer — confirma muitas outras coisas já conhecidas. Em nossas pesquisas, inclusive quando elas são de temas muito diferentes, acredito que sempre palpita uma série de interesses, preocupações e curiosidades. No meu caso, reconheço a fascinação que sinto ao comparar, contrastar e relacionar o que as pessoas dizem com o que as pessoas realmente fazem, com o que penso que as pessoas pensam. Verdadeira fascinação ao fazer contínuas viagens de ida e volta entre o mundo das idéias e o mundo dos constrangimentos materiais, e, também, em subverter o que a realidade aparenta ser para descobrir e mostrar o que está debaixo dela.

A negação do pai.
E a licença-paternidade?[41]

É possível uma efetiva igualdade entre os sexos se a mulher detém, quase exclusivamente, o direito e o dever de cuidar dos filhos?

A Comissão de Direitos Humanos do Senado aprovou, por unanimidade, o projeto que aumenta de quatro para seis meses o período da licença-maternidade. A autora do projeto, senadora Patrícia Saboya (PDT-CE), comemorou, dizendo: "Está na hora de respeitar a mulher brasileira e as crianças."

Aplaudimos veementemente a aprovação do projeto e o reconhecimento e a valorização da maternidade. Mas perguntamos: não está também na hora de respeitar o homem brasileiro, ou melhor, a paternidade?

Aparentemente não, pois a mesma senadora propõe um projeto para aumentar a licença-paternidade de cinco para

---
[41] *Folha de S. Paulo*. Tendências e Debates, 23/10/2007.

quinze dias, com o objetivo de que os pais possam "ajudar" as mães nos primeiros dias de vida do bebê.

Para ilustrar com uma realidade oposta, na Suécia, a licença de mais de um ano para cuidar do recém-nascido é para ambos os pais. O casal pode decidir quem ficará sem trabalhar para cuidar do bebê: o pai ou a mãe. A proposta visa a estimular os homens a assumir um papel ativo na criação dos filhos e a propiciar uma divisão mais igualitária das tarefas domésticas.

Todos sabem que os meses iniciais são fundamentais para assegurar a adaptação do bebê ao mundo, o que significa que cuidar de um recém-nascido é muito mais do que apenas garantir o aleitamento materno. Esse tempo é necessário para estabelecer o vínculo afetivo com a criança, indispensável para o seu desenvolvimento emocional e social.

Cinco (ou quinze) dias são suficientes para que o pai participe da formação emocional e social da criança, enquanto a mãe deve dedicar seis meses exclusivamente a essa tarefa? É possível pensar em uma efetiva igualdade entre os sexos quando a mulher detém, quase exclusivamente, o direito e o dever de cuidar dos filhos? Esse cuidado não pode (e deve) ser igualmente compartilhado pelos homens?

É verdade que muitos homens recusam ou duvidam da própria competência para o exercício da paternidade. Contudo é fácil constatar, inclusive com a notável discrepância entre os dois projetos, que aqueles que querem exercer plenamente a paternidade estão impedidos de cuidar de seus filhos, já que as mulheres são percebidas como as legítimas detentoras do saber e do poder nesse âmbito. Elas são consideradas as únicas realmente necessárias no momento inicial da vida, cabendo ao pai, quando muito, a função de "ajudar" a mãe.

Limitados a um papel secundário ou terciário (quando o bebê é cuidado pela avó, babá ou empregada doméstica), são ainda acusados de imaturos, ausentes, *irresponsáveis*, incompetentes e inadequados como pais. Muitas mulheres vivem a maternidade como um poder que não querem compartilhar e percebem os homens como meros coadjuvantes — ou até mesmo figurantes — em um palco em que a principal estrela é a mãe.

Não é possível questionar a suposta superioridade feminina no domínio privado sem enfrentar uma forte reação das mulheres, inclusive de muitas que lutam pela completa igualdade entre os gêneros. Mas não seria exatamente nesse terreno, completamente dominado pelas mulheres, que se enraizaria a mais profunda desigualdade entre os sexos?

É muito difícil transformar uma realidade social quando ela é vista como da ordem da natureza, natureza que é usada para justificar o papel privilegiado da mãe e para marginalizar ou excluir o pai dos cuidados com o recémnascido.

No entanto, não existe absolutamente nada na "natureza" masculina que impeça um pai de cuidar, alimentar, acariciar, acalentar e proteger seu bebê, assim como não há uma "natureza" feminina que dê à mãe a autoridade de se afirmar como a única capaz de cuidar do recém-nascido.

Os cinco (ou quinze) dias de licença-paternidade e os seis meses de licença-maternidade revelam a enorme desigualdade de gênero em nosso país.

Consolida-se, com esse abismo, o monopólio feminino dos prazeres, encargos e sacrifícios com os filhos. Reforça-se, também, a falta de respeito e de reconhecimento da importância do exercício da função paterna.

Sem desmerecer a conquista das mulheres, muito pelo contrário, é mais do que necessário denunciar a injustiça e a discriminação que sofrem aqueles que querem exercer plenamente a paternidade.

Se as crianças de hoje aprenderem que o pai e a mãe podem ser igualmente disponíveis, atenciosos, responsáveis, protetores, presentes e amorosos, é possível que, em um futuro próximo, tenhamos uma verdadeira igualdade entre homens e mulheres, e a crença de que em nenhum domínio (público ou privado) um é superior ou mais necessário do que o outro.

Respostas ao artigo publicado na *Folha de S. Paulo*[42]

Cara Mirian,
Gostei de seu artigo na *Folha* de hoje. Já passei pela experiência de querer ser mais pai do que somos hoje, acordando de

---

[42] Cartas enviadas à *Folha de S. Paulo*, e-mails enviados a: www.miriangoldenberg.com.br e debates na internet.

madrugada, dando mamadeira etc. Mas a reação de minha mulher na época, e da sogra, era de que eu não tinha condições de fazer nada, eu era um incapaz e portanto tinha de ficar era longe mesmo. Essa reação, de que a mulher é que é a dona do bebê e o marido é um traste, é muito comum. E, claro, nós nos acomodamos e deixamos para lá. É mais fácil para nós do que ficar brigando de madrugada para ter o direito de pôr o neném para arrotar.
Parabéns pelas suas idéias.

Cara Mirian,
A minha esposa me repassou o teu artigo sobre a liçença de maternidade e a igualdade entre os sexos. Sou australiano e moro em Porto Alegre desde 1998, e são raras as vezes que um texto jornalístico me proporciona tanta satisfação. A partir de 1970, com o lançamento do livro de Germaine Greer, *The Female Eunuch*, a sociedade australiana e o seu conceito das relações entre os sexos foram revolucionados. Embora tenha demorado muito mais para os benefícios dessa revolução chegarem também aos homens australianos, há muitas atitudes que para a minha geração já são completamente normais, mas que ainda parecem impensáveis no Brasil.
O teu artigo mostra que são, sim, pensáveis aqui, e por isso te agradeço.

Cara professora Mirian,
No dia em que li a notícia sobre a ampliação da licença-maternidade, mandei uma mensagem para todos os senadores membros da Comissão de Direitos Humanos com um teor muito parecido com seu artigo opinativo na *Folha* de hoje. Achei uma feliz coin-

cidência. Destaquei naquela mensagem também um outro ponto negativo: o maior distanciamento entre mulheres e homens à procura de emprego, já que agora se amplia a distância entre o tempo de afastamento de um e de outro. Também havia destacado a política sueca, enfatizando a idéia de tempos flexíveis, negociados dentro de cada família, o que elimina essa desvantagem da mulher na procura do emprego (no limite, os homens lá poderiam assumir catorze meses de licença contra apenas dois meses pela mãe, situação extrema e improvável, mas legalmente possível). Essa negociação também é positiva, acredito, para abarcar outros pontos na divisão de responsabilidades entre pais e mães nas tarefas familiares. Uma vez que eles parem para discutir o tempo de licença de cada um, também negociarão sobre as idas aos médicos, as reuniões de APM etc. Pode ser que grande parte desse fardo continue recaindo sobre a mulher na maioria dos casos, mas uma visão negociada, em vez de tutelada pelo Estado, ao menos abre a possibilidade de mudança, e de os homens assumirem um papel cada vez maior na criação dos filhos. A visão de nós, homens, como meros "provedores de recursos" é muito prejudicial a nós mesmos, também.

Cara Mirian,
Li hoje sua coluna na *Folha* e gostei muito. Já defendi essa idéia algumas vezes, mas não achei eco não. Os homens não queriam se comprometer e as mulheres achavam que eu estava "roubando" algo delas. Como não tenho filhos, todos atribuíam à minha "falta de conhecimento prático" essa idéia absurda. Talvez você tenha muitas cartas de leitores e leitoras contestando sua idéia, mas, como o público é maior, acho que deve ter algum apoio também.

Li seu artigo "E a licença-paternidade?" publicado no jornal *Folha de S. Paulo*. Concordo em parte com o texto, mas acho que alguns pontos devem ser ponderados. Primeira pergunta: a senhora é mãe? Saiba que na Suécia esta lei existe, mas usualmente os casais ou tiram junto, ou a mãe tira os primeiros meses e o pai os meses subseqüentes. Pois é de senso comum, até em uma sociedade mais "evoluída" como a sueca, que nos primeiros meses de vida é imprescindível a presença da mãe. A senhora conhece as recomendações da OMS de que uma criança deve ser alimentada exclusivamente de leite materno nos primeiros seis meses de vida, para reduzir o risco de várias doenças, além de aumentar a sua imunidade? A senhora já leu os estudos que mostram as diferenças no comportamento de crianças que mamam no peito ou não? Caso a senhora seja mãe, gostaria que me explicasse como será fisiologicamente possível uma mãe amamentar um filho e trabalhar ao mesmo tempo. Deveríamos ficar nos ordenhando o dia todo? O pai vai alimentar a criança com o leite da própria mãe na mamadeira? Ou vamos extinguir de vez o aleitamento materno? Caso a senhora seja mãe, deve saber que o leite só é produzido quando há estímulo; e quando uma mãe volta ao trabalho e fica muito tempo sem amamentar, mesmo que fazendo ordenha, o leite vai diminuindo gradativamente. Como o bebê vai continuar a ter esse líquido tão precioso e vital? Cada um tem de ter o seu lugar na educação dos filhos, e ela deve ser compartilhada por ambos, mas na atual realidade não vejo como o pai cuidaria exclusivamente de um recém-nascido.

Sinceramente, Mirian, seu artigo ficou na minha cabeça. Depois, analisando, me perguntei: concordo que os homens devem ter maior participação na criação dos filhos, mas, no período da amamentação (seis meses), seria meio complicado, não acha? A amamentação diretamente do seio tem um leite rico em anticorpos e é extremamente importante.

Gostaria de cumprimentar a professora Mirian Goldenberg por abrir a discussão sobre os direitos dos homens quando as mulheres comemoram a aprovação numa comissão do Senado de ampliação da licença-maternidade. Sou pai do meu filho antes de ele vir ao mundo. E convivo com ele todos os momentos, aprendendo e desaprendendo sobre o que é ser pai. E uma das coisas que aprendi é que a criança precisa de pai e de mãe, dos dois, para lhe dar carinho, cuidado, proteção. Aprendi que homens e mulheres devem dar à criança a mesma dedicação e o mesmo tempo. Cada qual do seu jeito. É uma discriminação e um atraso não reconhecer esse direito dos homens. Pior é não permitir que um mundo diferente seja criado a partir do instante em que os bebês, as crianças, sejam cuidados igualmente pelos pais e pelas mães. O que Freud diria disso? Não sei. Sei que crianças amadas e sentidas como amadas, por pais e mães, têm mais chances de serem pessoas saudáveis, alegres, bonitas. Talvez o planeta esteja sendo destruído porque faltou pai e mãe a esses facínoras que só pensam no seu bolso, mesmo que isso custe a morte de todos.

O artigo "E a licença-paternidade?", da antropóloga Mirian Goldenberg, é extremamente corajoso ao questionar um dos maiores mitos que atravessam culturas, economias e a própria história humana: o de que só a mãe é verdadeiramente importante na criação de um filho. Por fazer pós-graduação e ter uma bolsa de estudos no período de nascimento e nos primeiros anos de vida de minha filha, pude lhe dar grande atenção, já que meu horário de trabalho era mais flexível do que o da minha esposa. Ao participar de reuniões em escolas, levar minha filha ao médico, não raras vezes fui questionado por inúmeras mulheres, nunca por homens, que sempre deixavam claro que aquela não era a minha função. Por que a mãe não pôde vir?, era a primeira e mais inocente das perguntas, com um claro implícito: homem não tem competência para cuidar de criança. Mirian Goldenberg faz uma importante pergunta retórica em seu texto, que deveria merecer uma reflexão séria: "Mas não seria exatamente nesse terreno, completamente dominado pelas mulheres, que se enraizaria a mais profunda desigualdade entre os sexos?"

Pai de quatro filhos e portador do "direito" a uma licença de cinco dias corridos — que serve, quando muito, para você conseguir trazer seus filhos para casa depois da maternidade —, concordo plenamente com o texto da doutora Mirian Goldenberg. Enquanto não for construído um sistema de direitos para que os homens também possam exercer condignamente a sua paternidade, e enquanto os preconceitos continuarem colocando o homem como um ser terciário (se tanto!) nos cuidados e na educação de seus filhos, continuaremos distantes de uma sociedade que respeita as diferenças e promove as igualdades.

Cara Mirian, creio que é melhor o homem continuar trabalhando, já que ninguém melhor que a mulher para cuidar de nossos filhos, é claro.

Muito interessante, concordo em quase tudo, menos no alcance da igualdade entre os sexos. Não acho que os homens e as mulheres têm de ser iguais em tudo. Cada sexo tem suas particularidades. Mas acho, sim, que os homens devem ter uma participação maior na educação e no cuidado com os filhos. Será que um dia os brasileiros terão o pensamento evoluído dos suecos e abandonarão o machismo que impera na nossa sociedade? E o pior é constatar que quem reforça o machismo na sociedade são as próprias mulheres.

A maioria dos homens não respeita a paternidade como deveria, portanto não seria a hora ainda de pensarmos em mais que quinze dias. Quinze dias está bom para realmente "ajudar" a mamãe. Só para isso. Quem sabe nas próximas gerações...

Concordo plenamente com as idéias da antropóloga, que afirma que as mulheres monopolizam a criação dos filhos, relegando os pais a segundo ou terceiro plano. Muitas mulheres se afirmam feministas mas não enxergam seus próprios erros — nesse caso específico, reclamar que os homens são ausentes, imaturos ou irresponsáveis mas não lhes dar a chance de participar mais na criação dos filhos. Conheço mais de um caso de pai solteiro que se sai muito bem, provando que aquela história de que a criança precisa de uma mãe sempre é pura balela. Crianças precisam de amor, carinho, educação, limites, uma série de coisas que podem ser dadas por qualquer pessoa amorosa, responsável, dedicada e desprendida o suficiente para isso. Não precisa de família tradicional, de papai repressor e mamãe mimadora; pode ser criada pela avó, pelo tio, pela madrinha, pelo casal gay (feminino ou masculino), por um irmão mais velho etc. Vou além: muitas mulheres monopolizam também a administração das tarefas domésticas e depois reclamam que ninguém as ajuda, ou que se dedicaram à família e que sofrem com a ingratidão de todos etc. Em vez de incentivar e exigir a participação de todos os membros da família, de todos os moradores da casa, muitas mulheres monopolizam a administração do lar para depois se fazerem de vítimas ou heroínas. E assim criam filhos retardados, que não sabem se virar sozinhos e ficam na barra da saia da mãe até bem tarde. Muitas mães criam filhos como seus bibelôs, seus brinquedinhos, seus ursinhos de pelúcia ou seus joguetes, suas armas para fazer chantagem emocional (principalmente as que criam os filhos sozinhas, em casa, separadas dos progenitores machos)... Enfim, uma relação doentia... Infelizmente, vejo muito disso por aí... Defender o feminismo e as mulheres é também apontar e corrigir nossos próprios erros na maternidade... Nem sempre temos sido as grandes heroínas que a poesia, a mídia e a crença popular afirmam... E mais uma espetadinha: leite materno não é tão essencial assim... conheço muita gente que nunca mamou no peito (por motivos diversos que não vêm ao caso aqui) e vai muito bem, obrigada. Observação: eu pretendo dar de mamar se tiver filho, pois o leite materno é grátis e natural. Caso não possa, sei que existem alternativas e que meu suposto filho não vai morrer só por causa disso.

Acho que seria justo e ajudaria a diminuir a diferença no mercado de trabalho, porque com certeza essa nova licença nos tira muitos pontos. Se eu não me engano, o Tony Blair, ex-primeiro ministro-britânico, teve licença para ficar uma porrada de tempo em casa com o caçula. A mulher ganhava mais do que ele e, então, decidiram assim. Acho que a antropóloga quis deslocar um pouco a visão viciada de ver apenas o benefício do aleitamento materno. A gente sabe que isso é muito importante, é um avanço danado nesse sentido, mas o que ela quer dizer, e eu concordo plenamente, é que a vida de um bebê é muito mais e não pode ser reduzida apenas ao aleitamento materno. Ou seja, um bebê pode muito bem sobreviver sem mamar no peito da mãe, mas sem o contato humano é impossível. O bebê pode muito bem ter um bom desenvolvimento psicoafetivo sem mamar no peito da mãe, mas com certeza os pais presentes poderão criar um ambiente de inestimável valor. Quanto aos direitos e deveres, eu entendo algumas coisas: 1) Não adianta reclamar que o marido não ajuda. Seus direitos e deveres estão limitados, em parte (talvez pequeniníssima), por uma cultura que o desloca da família. 2) Há uma vertente do feminismo que visa só à igualdade no que diz respeito ao mercado de trabalho e liberdade sexual. Para mim, ela critica essa vertente que não traz para a família o argumento da igualdade; que de certa forma é até um retrocesso porque joga de novo nas costas da mulher o dever, por meio de um direito afirmado por lei, de cuidar da prole incondicionalmente. 3) Quando não se briga pela extensão da licença-paternidade, tira-se do homem o direito de participar intensamente dos cuidados do bebê nos seus primeiros meses de vida. 4) Que o aleitamento materno como argumento para o aumento da licença-maternidade não recoloca a importância da família para a estabilidade da pessoa e o crescimento saudável. (Acho que me repeti.) Ela também está mostrando uma interpretação da maternagem como socialmente construída. Ou seja, essa visão naturalizada da maternagem é historicamente determinada. Nem sempre a prolactina — há relatos de historiadores — fez com que as mães se ocupassem de suas crias, zelando pela sua integridade. Durante muito tempo, até o Iluminismo aproximadamente, as crianças eram criadas como animais.

Nossa, Mirian, realmente ainda não tinha avaliado esse processo desse ângulo. De certa forma, somos nós mesmas, mulheres, que contribuímos para a secular desigualdade entre os sexos. É preciso que essa mentalidade se expanda entre as mulheres, e nós possamos compartilhar melhor com os homens as dificuldades e os privilégios de ter um filho.

Amantes constantes[43]

Maio de 1968: busca por liberdade e igualdade sexual é herança a valorizar

Os eventos de maio de 1968 na França podem ser interpretados como o estopim de uma série de transformações políticas e comportamentais ocorridas na segunda metade do século XX e que tiveram como eixos centrais: o desejo de liberdade, a busca do prazer sem limites, a recusa de qualquer forma de controle e de autoridade, a explosão da sexualidade e a defesa da igualdade entre homens e mulheres.

A feminista francesa Simone de Beauvoir, muito antes de maio de 1968, havia defendido que a questão existencial básica era a luta pela liberdade, e não a busca da felicidade. Em *O segundo sexo*, publicado em 1949, Beauvoir dizia que, mesmo pagando o preço do sofrimento ou da solidão, "não

---

[43] Texto publicado no Caderno Especial Mais! sobre Maio de 68. *Folha de S. Paulo*, 4/5/2008.

há, para a mulher, outra saída senão a de trabalhar pela sua libertação".

Já para os jovens estudantes franceses, protagonistas de maio de 1968, liberdade, felicidade e prazer eram elementos inseparáveis de uma revolução cujo lema era "É proibido proibir". No fim da década de 1960, quando no Brasil muitos jovens estavam preocupados em combater o regime militar, outros, como os jovens franceses, lutavam contra a repressão sexual, a repressão familiar e a repressão internalizada em cada indivíduo.

Ícone revolucionário

Esse anseio por liberdade, igualdade e, sobretudo, felicidade e prazer parece ter sido um elemento fundamental para o surgimento de um ícone de mulher revolucionária no Brasil, talvez a mais perfeita tradução do espírito irreverente, debochado e apaixonado de maio de 1968: Leila Diniz.

Na geração Leila Diniz estavam em disputa diferentes modelos de ser mulher: o religioso, que exigia da mulher a negação de sua sexualidade ou seu exercício apenas nos limites do casamento, e outro, que pode ser pensado como mais próximo do difundido pelo feminismo, pela contracultura e pela psicanálise, que buscava a igualdade entre homens e mulheres nos mundos público e privado.

E por que Leila Diniz, dentre tantas outras mulheres que viveram intensamente esse momento histórico, se tornou um mito?

É a própria Leila quem responde à questão: "Sobre minha vida, meu modo de viver, não faço o menor segredo. Sou uma moça livre. A liberdade é uma opção de vida."

Sendo uma atriz famosa e uma personalidade pública bastante polêmica, pode-se pensar que a elaboração que Leila fez de sua própria vida não apenas tenha atingido as pessoas mais próximas, mas também contribuído para legitimar idéias e práticas consideradas revolucionárias para a época em que viveu. Ao escolher ter um filho fora do casamento, rompeu com o estigma da mãe solteira. Sua fotografia grávida, de biquíni, foi estampada em inúmeros jornais e revistas por ser a primeira mulher a exibir a gravidez.

Barriga grávida

As grávidas de então escondiam sua barriga em batas escuras e largas, mesmo quando iam à praia. As fotos da barriga grávida, na praia de Ipanema, mostraram que a maternidade sem o casamento não era vivida como um estigma a ser escondido, mas como uma escolha feliz e consciente.

Leila Diniz fez uma revolução simbólica ao revelar o oculto — a sexualidade feminina vivida de forma livre e prazerosa — em uma barriga grávida ao sol. Ela fazia e dizia o que muitos tinham o desejo de fazer e dizer.

Com os inúmeros palavrões na clássica entrevista ao *Pasquim*, com uma vida sexual e amorosa extremamente livre e prazerosa, com o seu corpo grávido de biquíni, trouxe à luz do dia comportamentos, valores e idéias já existentes, mas que eram vividos como estigmas, proibidos ou ocultos. Não à toa, ela é apontada como uma precursora do feminismo no Brasil: uma feminista intuitiva que influenciou, decisivamente, as novas gerações.

Condição feminina

Ao afirmar publicamente seus comportamentos e idéias a respeito da liberdade sexual, ao recusar os modelos tradicionais de casamento e de família e ao contestar a lógica da dominação masculina, Leila Diniz passou a personificar as radicais transformações da condição feminina (e também masculina) que ocorreram no Brasil no fim da década de 1960.

Em minha pesquisa atual, com 1.279 homens e mulheres das camadas médias da cidade do Rio de Janeiro, quando perguntei "O que você mais inveja em um homem?", as mulheres responderam, em primeiríssimo lugar: liberdade. Quando perguntei aos homens "O que você mais inveja em uma mulher?", a quase totalidade respondeu, categoricamente: nada.

Será que é realmente possível dizer, como na música de Rita Lee, que hoje "toda mulher é meio Leila Diniz", quando as brasileiras continuam invejando a liberdade masculina?

Será que a utopia de maio de 1968, com o desejo de liberdade e igualdade entre os gêneros, ainda está longe de ser realizada?

Este livro foi impresso no
Sistema Digital Instant Duplex da Divisão Gráfica da
DISTRIBUIDORA RECORD DE SERVIÇOS DE IMPRENSA S.A.
Rua Argentina, 171 - Rio de Janeiro/RJ - Tel.: (21) 2585-2000